2015年度内蒙古哲学社会科学规划项目"近现代蒙古族高等院校学科建制研究"（项目编号：2015B107）的最终成果

2017年度国家社会科学基金重大项目"蒙古族教育史（1947—2017）"（项目编号：17ZDA322）的阶段成果

内蒙古民族教育研究基地资助出版

近现代
蒙古族高等院校
学科建制研究

1908—1949

斯日古楞 ▶ 著

中国社会科学出版社

图书在版编目(CIP)数据

近现代蒙古族高等院校学科建制研究：1908—1949／斯日古楞著.—北京：中国社会科学出版社，2021.12
ISBN 978-7-5203-9264-8

Ⅰ.①近… Ⅱ.①斯… Ⅲ.①蒙古族—高等学校—学科建设—研究—中国—1908-1949 Ⅳ.①G642.3

中国版本图书馆 CIP 数据核字(2021)第 254652 号

出 版 人	赵剑英
责任编辑	陈雅慧
责任校对	王 斐
责任印制	戴 宽

出　　版	中国社会科学出版社
社　　址	北京鼓楼西大街甲158号
邮　　编	100720
网　　址	http://www.csspw.cn
发 行 部	010-84083685
门 市 部	010-84029450
经　　销	新华书店及其他书店

印刷装订	三河弘翰印务有限公司
版　　次	2021年12月第1版
印　　次	2021年12月第1次印刷

开　　本	710×1000　1/16
印　　张	13
插　　页	2
字　　数	166 千字
定　　价	76.00 元

凡购买中国社会科学出版社图书，如有质量问题请与本社营销中心联系调换
电话：010-84083683
版权所有　侵权必究

目　录

第一章　学科与学科建制的概念界定 …………………………（1）
　第一节　学科的界定 ……………………………………………（1）
　　一　学科的含义及特点 ………………………………………（1）
　　二　学科与科学的区分 ………………………………………（3）
　　三　学科与专业的辨别 ………………………………………（5）
　　四　学科与课程的界限 ………………………………………（6）
　第二节　学科建制的界定 ………………………………………（7）
　　一　学科建制的含义 …………………………………………（7）
　　二　学科建制与学科建设的区别 ……………………………（9）
　　三　学科建制与学科制度的区别 …………………………（11）

第二章　中国近代高等教育学科分类与建制演变 …………（13）
　第一节　清末大学堂学科分类 ………………………………（14）
　　一　"专门学"的提出 ………………………………………（14）
　　二　七科设想到八科分学 …………………………………（17）
　　三　清末大学堂学科分类思想产生的动因分析 …………（22）
　第二节　民国时期大学学科分类 ……………………………（27）
　　一　经学科的废除与"七科之学"的确立 …………………（27）

二　大学学科的调整 …………………………………………… (32)

　第三节　中国近代高等院校学科建制沿革 …………………… (34)

　　一　"科—门"建制 …………………………………………… (34)

　　二　"科—系"建制 …………………………………………… (37)

　　三　"院—系"建制 …………………………………………… (40)

第三章　清末蒙古族高等院校学科建制雏形 ……………… (46)

　第一节　近代蒙古族高等教育产生的时代背景 ……………… (47)

　　一　高等教育制度的颁布 …………………………………… (48)

　　二　科举制度的废止 ………………………………………… (50)

　　三　学部的建立 ……………………………………………… (52)

　第二节　京师满蒙文高等学堂的预科建制 …………………… (55)

　　一　蒙古族高等教育预科制度的开端 ……………………… (56)

　　二　满蒙文学科地位的认定 ………………………………… (60)

　　三　满蒙文高等学堂学科设置的特点 ……………………… (62)

　　四　满蒙文高等学堂学科人员编制 ………………………… (68)

　第三节　殖边学堂的实科建制 ………………………………… (71)

　　一　蒙古族高等职业教育的开端 …………………………… (71)

　　二　殖边学堂学科设置的特点 ……………………………… (73)

　第四节　贵胄法政学堂的法科建制 …………………………… (76)

　　一　蒙古族高等教育法政学科建制的确立 ………………… (77)

　　二　贵胄法政学堂学科设置的特点 ………………………… (79)

　　三　贵胄法政学堂学科制度的雏形 ………………………… (84)

第四章　北洋政府时期蒙古族高等院校学科建制 ………… (90)

　第一节　民国初期民族高等教育发展的时代背景 …………… (90)

一　高等教育制度的调整……………………………………（91）
　　二　民族教育管理机构的分设……………………………（92）
　　三　国家教育主权意识的复苏……………………………（94）
  第二节　筹边高等学校学科建制………………………………（95）
　　一　特殊的法政专门学校…………………………………（96）
　　二　筹边高等学校学科设置变动…………………………（97）
　　三　蒙古族高等职业教育的推进…………………………（105）
  第三节　蒙藏专门学校学科建制………………………………（109）
　　一　高等教育与中等教育兼具时期的学科倾向…………（109）
　　二　《蒙藏专门学校章程》规定的学科设置……………（116）
　　三　1918年法律学科建制…………………………………（118）
　　四　1920年政治学科建制…………………………………（119）
　　五　1923年政治经济学科建制……………………………（121）

第五章　国民政府时期蒙古族高等院校学科建制………………（124）
  第一节　民族高等教育深化发展的时代背景…………………（125）
　　一　高等教育制度的规范化发展…………………………（125）
　　二　蒙藏教育事务的多元化管理…………………………（127）
  第二节　南京蒙藏学校高等教育阶段的学科建制……………（130）
　　一　中央大学蒙藏班的尝试………………………………（131）
　　二　中央政治学校附设蒙藏学校…………………………（135）
　　三　南京蒙藏学校专修科（1936—1940）………………（138）
　　四　国立边疆学校师范专修科（1941—1949）…………（140）
  第三节　蒙藏政治训练班的边政学科建制雏形………………（145）
　　一　特殊的民族高等教育…………………………………（145）
　　二　边政学科建制…………………………………………（147）

第四节　国立北平蒙藏学校高等教育阶段的学科建制……（152）
　　一　复办后国立北平蒙藏学校概况………………（153）
　　二　国立北平蒙藏学校师范专修科…………………（155）
第五节　国立边疆文化教育馆的研究建制……………（156）
　　一　大学章程规定的大学研究院所建制……………（156）
　　二　边疆文化教育的研究建制………………………（158）

第六章　中国共产党领导下民族学院学科建制……（162）
第一节　新民主主义民族教育发展的时代背景………（162）
　　一　新民主主义教育纲领的提出……………………（162）
　　二　无产阶级干部教育的兴办………………………（163）
　　三　抗日根据地高等教育的需求……………………（164）
第二节　延安民族学院的学科建制……………………（166）
　　一　蒙古族高等干部教育的开端……………………（166）
　　二　延安民族学院学科建制的特殊性………………（169）
　　三　民族院校中马克思主义学科的雏形……………（173）

结　语……………………………………………（177）

主要参考文献……………………………………（185）

后　记……………………………………………（200）

第一章 学科与学科建制的概念界定

学科作为知识分类的概念,随着科学的成熟发展而形成不同的科学分支。它不是大学特有的现象,却是大学不可或缺的因素,"学科是大学的细胞,学科的组织形态随着现代大学的发展而逐渐丰富"①。正因为如此,学科及其建制是了解一所高等教育机构发展演变历程的独特视角。那么,学科和学科建制的基本属性和特征是什么?如何解读这两个抽象、复杂且定义不断完善的概念呢?

第一节 学科的界定

一 学科的含义及特点

学科不是永恒的范畴,它是一个历史的概念,是人类认识活动的阶段性产物。历史性特点,使学科成为人类探索自身认识活动的重要突破口,也是探寻知识分化与综合规律的着眼点。事实上,"学科"这个名词,是清末采行学堂分科教育以后才逐渐由西方引进的一种知

---

① 宣勇、凌健:《"学科"考辨》,《高等教育研究》2006年第4期。

识分类概念。① 研究至今，人们对学科的界定有多种解读，如学科即学术分类；学科即教学科目；学科即学术组织；学科即文化；学科即规训制度；等等。相关工具书和早期学科问题的探讨中，学科的界定基本以学术分类和教学科目的解释为主，主要以陈燮君、丁雅娴、纪宝成等学者的观点为代表；学科的学术组织界定在大学学科建设热潮中采纳沙木韦、梅瑟—达维多等国外学者的观点后逐渐形成并得到学界认可，主要以宣勇、庞青山、胡建雄等学者的观点为代表；学科的文化界定出现在托尼·比彻和保罗·特罗勒尔的《学术部落及其领地：知识探索与学科文化》一书中，杨素萍学者的论文中也出现类似的界定；把学科看成规训制度以李铁君和贾莉莉等学者的观点为代表。

本书采纳的学科界定以《辞海》中的第一种解释为准："学科即学术的分类，指一定科学领域或一门科学的分支。"② 因此，学科是科学发展到一定阶段知识分化的产物。按照逻辑推理，知识的系统化研究形成了学问，学问的专门化研究构成了学术，学术的分类构成了学科。将此推导过程用连线形式表述如下：

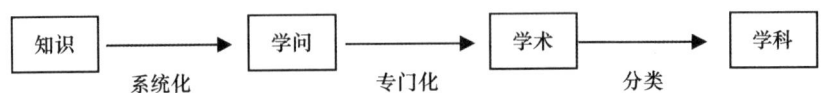

由此可见，学科是相对独立系统化的科学知识体系，是一个严密的科学知识系统，不是任何一个研究领域都可以称之为学科。首先，学科具有系统性，它是由科学知识构成的系统。科学知识体系通常由一系列概念、原理以及证明它们的科学事实构成，不是零散的思想和观念。学科的系统性表现为学科具有规范的概念体系和严密的逻辑理

---

① 刘龙心：《学术与制度》，新星出版社2007年版，第2页。
② 《辞海》（教育学·心理学分册），上海辞书出版社1987年版，第14页。

论体系，是经过反复论证和实践后的规律性认识成果。所以，学科一旦形成不因外在环境的变迁而轻易改变。

其次，学科具有相对独立性。这说明每一个学科都有自己独立的研究对象和独特的治学方法。此观点在国内外学术史研究者的论点中都能得到论证，如陈平原学者在分析中国现代学术建立历程时，就曾强调学科的不同路径和方法："不难明白学科的界定，其实与治学方法相互勾连……在章氏看来，不同的学科应有不同的路径与方法，比如，'经学以比类知原求进步'，'哲学以直观自得求进步'，'文学以发情止义求进步'。"[①] 如此看来，章太炎先生对经学、哲学和文学独特研究方法的归纳总结，启迪人们对学科独有的治学方法的关注与认可。陈燮君学者分析学科创生指标体系时也提出学科的形成不仅有学科创始人和代表作，还必须有特有的学科定义和研究对象、精心营造的理论体系和本学科的科学研究方法等问题。庞青山学者也强调学科产生的标志有独立的研究内容、成熟的研究方法和规范的学科体制。作为学术的分类，划分依据极为关键，学科既然被认定为学术分类，其分类的标准就是各自不同的研究对象和治学方法，从而保证了学科的相对独立性。

二　学科与科学的区分

学科与科学虽然仅仅是"学"与"科"二字的顺序变化，却构成内涵与外延迥然不同的两个概念。"科学是第一性的，决定方面的因素，学科是第二性的，被决定方面的因素。"[②] 通常我们所指科学是

[①] 陈平原：《中国现代学术之建立：以章太炎、胡适之为中心》，北京大学出版社1998年版，第16—17页。

[②] 蔡曙山：《科学与学科的关系及我国的学科制度建设》，《中国社会科学》2001年第3期。

运用范畴、定理、定律等思维形式反映现实世界各种现象的本质和规律的知识体系。学科是相对独立系统化的科学知识体系，包括人类科学发展中形成的诸多分支。因此，在从属关系上，科学是学科的上位概念，学科是科学的下位概念，外延上科学涵盖学科。

除了内涵与外延的差异之外，科学与学科的知识属性也有所差异。科学是人们对自然界和社会发展客观规律的理性认识，具有整体性。学科有自己独特的研究对象和治学方法而具有相对独立性。正因为如此，经过长期积累探索提炼出的相对独立系统化的科学知识才有资格称为学科，否则它也仅仅构成某个研究领域或零散的经验总结。

根据科学分化的宏观和微观程度，学科对应为学科门类、一级学科、二级学科和三级学科。国际上学科标准分类较多，我国2009年11月1日开始实施的国家标准GB/T 13745—2009《学科分类与代码》中分5个学科门类、62个一级学科或学科群、676个二级学科或学科群、2382个三级学科。[①] 5个学科门类为自然科学、农业科学、医药科学、工程与技术科学和人文与社会科学，排列的方法顺序是根据自然界发展过程，从无机物到有机物，从生物发展到人类社会，然后通过对人类文明社会发展的认识产生了人文与社会科学。长期以来人们把人文学科和社会科学合为一体阐述，其实二者还是有明显的界限："人文学科是以人的观念、精神、情感和价值，即以人的主观精神世界及其所沉淀的精神文化为研究对象的领域。社会科学是以外在于具体的个人及其主观世界的人类社会为研究对象的科学。"[②] 因此，人文学科主要包括文学、历史学、哲学、艺术等，而社会科学主要包括社

---

① 中国国家标准化管理委员会：《中华人民共和国国家标准学科分类与代码》，中国标准出版社2016年版，第2页。
② 教育部社会科学委员会学风建设委员会组编：《高校人文社会科学学术规范指南》，高等教育出版社2009年版，第1—2页。

会学、经济学、政治学、法学和教育学等。

三 学科与专业的辨别

《教育大辞典》解释道:"专业是中国、苏联等国高等教育培养学生的各个专门领域。大体相当于《国际教育标准分类》的课程计划或美国高等学校的主修。"[1] 通常高校专业是根据社会职业分工、学科分类、科技文化经济社会发展需要来划分。因此,专业是设置在学科门类下面,"专业范围大体相当于二级学科"[2],一般在一级学科下设专业的现象较为普遍。

在高等教育领域,学科与专业的关系一般被认定为上下位概念的关系来对应,学科是专业的上位概念,专业是学科的下位概念,外延上学科涵盖专业。其实作为两个专业术语,它们各自属于不同的研究范畴:"学科是科学的分类,属于学术的范畴;专业是社会分工,属于生产、生活的范畴。在培养人才上,学科是专业的基础,专业是学科的外壳。学科跟专业不是对应的关系,一个学科可能分在好几个专业里,而一个专业也牵涉到好多学科,两者不是对应关系。"[3]

按照潘懋元先生的解读,虽然高等院校专业设置多在一级学科下,却不完全与二级学科对应,毕竟有些专业是处在学科与职业的交叉点上,而且以职业的需求为重。就以高等院校的人才培养方案为例,通常它以专业为单位编写,却很少根据一级学科、二级学科来编写,这就充分证明专业是对应社会职业需求的。由此可见,学科与专

---

[1] 教育大辞典编纂委员会:《教育大辞典·第3卷:高等教育》,上海教育出版社1991年版,第26页。
[2] 教育大辞典编纂委员会:《教育大辞典·第3卷:高等教育》,第27页。
[3] 潘懋元:《高校现代化发展中有待探讨的若干问题》,《江苏科技大学学报》(社会科学版)2008年第1期。

业的功能有所侧重,学科的功能在于学术发展,专业的功能在于人才培养。从高等院校职能的视角分析,培养高级专门人才离不开专业建设,发展科学技术离不开学科发展,从而也可以推导出学科与专业的构成要素有所侧重,专业由培养目标、培养规格和课程体系构成;学科由科学知识、建制、制度和学术成果构成。

学科与专业虽属于不同范畴,但从人类认识活动的角度看,学科是溯其源,专业是衍其流,学科是专业的学理基础,专业是学科的具体应用。由于人才培养主要通过专业教学,发展科学主要通过学科研究,学科与专业的关系,又如同科研与教学的关系,相互依存,相互促进。

四 学科与课程的界限

从历史上出现的先后顺序看,学科在先,课程在后,"课程形成的历史是比较新的,但构成课程之基础的学科本身的历史却是古老的,可以追溯到古希腊罗马时代"[①]。课程属于学校范围内的教育范畴,学科属于科学范围内的学术范畴,不完全局限于学校范围内。课程是任何一个教育阶段都要具备的教师教授和学生学习的内容,回答的是"什么知识最有价值"的知识选择问题,学科却在广泛的知识传播、应用和创新领域均适用。所以,课程源自学科,并代表了学科在学校教育中的选择部分,课程编制除了考虑社会需求和学生的接受能力之外,还要以学科内在逻辑与基本结构作为重要依据。

学科和课程均以知识为根基,二者的共性同样体现在它们所代表的知识体系上。课程代表的知识体系可以分解为认知、情感、技能、方法等具体领域,实现着知识传递的主要任务。习惯上普通教育阶段

---

① 钟启泉:《现代课程论》,上海教育出版社2003年版,第5页。

很少采用学科一词，如基础教育阶段的语文、数学、历史、地理、物理、化学、生物学等通称为课程，毕竟这一时期的学习内容是基本的、常识性的知识框架，不可能涵盖整个相对独立的、系统化的科学知识体系。只有在高等教育阶段，上述两个概念有可能共存，并且通常情况下，高校以学科为基础建立，学科下设专业，专业培养方案由课程体系构成。课程始终是学科与专业的教学根基，不论是学术的发展，还是专业人才培养，都要通过具体的课程实施才能实现。如果没有课程建设，学科建设和专业建设就将成为空中楼阁。所以，课程来源于学科，学科发展离不开课程建设。

第二节 学科建制的界定

作为相对独立的科学知识体系的学科有其组织基础、发展路径和表现形式。其中学科的组织基础是建制，学科的发展路径是制度，学科的表现形式是学术成果。学科建制可以折射出学科发展的历程，同时能反映出一个社会科学发展进程。

一 学科建制的含义

按照《辞海》的解释，建制"是按编制编成的军队各种组织及其隶属关系"[①]。将建制的概念演绎到学科中，学科建制是按学科编制编成的组织及其隶属关系。学科编制是学科的设置及其人员定额和职务分配。因此，学科建制是指以学科为基础建立的学术组织及其隶属关系。它主要回答学科组织的设置及其隶属关系以及学术人员数量和职务分配等基本问题。学科建制是学科的组织机构，目的在于形成一个

---

① 夏征农：《辞海》（1999年版缩印本）：上海辞书出版社2002年版，第798页。

学术共同体。只有经过学科建制，学科发展才具备基本的物质条件、人员储备和组织基础。"学科建制则可以被认为是实现学科组织实体化、保障学科组织在大学中获得合法地位，从而确定学科组织真正成为大学学科建设核心的关键一步。"①

学科建制以学科获得独立地位为前提，以学科组织的形成为标志。这里的学科组织不是泛化的一般组织，既不是学者们以研究兴趣为导向形成的非正式的教学团队，也不是指整个大学组织系统。作为正式组织的学科组织包括学科为基础的教学单位，也包括学科为基础的研究机构。言外之意，学科建制不仅仅属于高等教育机构，它还可以归属于科学研究机构，甚至是图书出版机构的研究范畴。

根据费孝通先生的说法，一门学科的社会建制大体上可以包括5个部分："一是学会，这是群众性组织，不仅包括专业人员，还要包括支持这门学科的人员；二是专业研究机构，它应在这门学科中起带头、协调、交流的作用；三是各大学的学系，这是培养这门学科人才的场所，为了实现教学与研究的相结合，不仅在大学要建立专业和学系，而且要设立与之相联系的研究机构；四是图书资料中心，为教学研究工作服务，收集、储藏、流通学科的研究成果、有关的书籍、报刊及其他资料；五是学科的专门出版机构，包括专业刊物、丛书、教材和通俗读物。"②虽然大学之外的学会、专门研究机构和图书资料中心等也归属于学科建制范畴，但是以学科为基础建立的科、门、院、系、讲座（教授职位）、研究所等组织机构是高等教育机构学科建制独有的范畴。"大多数大学在基层建制上采取建立以教学为主的系科建制与以研究为主的研究所制度，系科制履行大学的教学职能，而研

---

① 宣勇、凌健：《大学学科组织化建设：价值与路径》，《教育研究》2009年第8期。
② 王建华：《学科、学科制度、学科建制与学科建设》，《江苏高教》2003年第3期。

究所履行大学的研究和社会服务职能。"① 也就是说高等教育机构中各个学科之间通过院、系、科以及研究所、研究室等建制被划分出严格界限，从而在各自的领地开展教学或科学研究，甚至教学与科研相结合，通过知识的传播、创新，实现学科的深入拓展和分化发展。

二 学科建制与学科建设的区别

"学科建设是对学科的发展加以规范、重组和创新，是以学科发展变化为基础的社会行动之一"②。所以，学科建设是学科建制的上位概念，外延比学科建制广，应该说涵括了学科所有方面的建设，与学科相关的任何一个概念都可以是它的下位概念，比如学科体系、学科结构、学科方向、学科规划、学科基地、学科项目、学科环境、学科评估、学术团队、学科带头人、学科群、重点学科、学科制度等方面的发展都属于学科建设的范畴。

不同于学科建设，学科建制是学科的下位概念，主要指以学科为基础建立的学术组织及其隶属关系。外延上学科建设涵盖学科建制，学科建制属于学科建设的范畴。学科建设的起点也是最关键点是学科建制。试想一下，倘若某一学科，如文学、法学、教育学、理、工、农、医学等学科在大学中没有获得相对独立的学科地位，没有对应的学系、学院、讲座建制，它的发展可能很慢，甚至无人问津而消亡，那就根本谈不上其学科建设的问题。

就以西方大学的前身——中世纪大学为例，中世纪大学的内部组织机构中除了民族团的学生同乡会之外，最重要的两个机构就是学系和学院。学系是按所教学科形成的教师组织，指的是某一学科

---

① 宣勇：《大学变革的逻辑》（下），人民出版社2009年版，第447页。
② 李铁君：《大学学科建设与发展论纲》，中国社会科学出版社2004年版，第3页。

或某一学科领域的专家、大师聚集在一起实施教学的机构。当时的大学主要有文学、法律、医学和神学四个系。作为欧洲大学之母的博洛尼亚大学以法学著称，巴黎大学以神学著称，萨莱诺大学以医学著称，所有中世纪大学的文学系始终处于预备学科的地位，是为进一步学习医学、法学、神学的学生必须学习的学科基础而存在。16世纪以后欧洲新建的高等教育机构也是按照文学、医学、法学、神学建立各系，系成为大学的基本组织。最早的"学院"不是作为教学机构而存在，只是为贫困学生提供的住宿场所。随着国王、贵族、教会对大学的捐赠，学院开始拥有丰富的资源，住宿式学院逐渐成为属于同一学科的师生共同生活和学习的教学机构，成为自治或半自治的学术团体。

文艺复兴后期，自然科学、哲学以及人文学科的蓬勃发展，学科发展日益细化和专业化，大学的学科建制也发生了明显变化，每个学科开始设置专门的讲座，19世纪以后讲座在德国大学中获得了现代意义。在柏林大学讲座制得以正式创立并焕发活力。"讲座按学科和专业设置，每个讲座由一名讲座教授全权负责，然后以讲座为中心建立研究所，由主持讲座的教授担任所长；讲座教授由政府统一任命，其他学术人员由学校自行决定，由此形成了讲座和研究所相结合的基层学术组织。"[1] 作为大学的基本学科建制的讲座是集学术权力、行政权力为一体的学术组织，而讲座教授作为唯一的负责人，对教学、科研、人事、财务等事务负全责。所以，学科建制是学科的载体，也是学科建设的基础，要拓宽某一学科的建设，就要通过学科建制提高其组织化程度。

---

[1] 汤智、李小年：《大学基层学术组织运行机制：国外模式及其借鉴》，《教育研究》2015年第6期。

三 学科建制与学科制度的区别

学科建制是学科的刚性条件，学科制度是学科的软性条件。"学科制度界定为，秉承确定的职业伦理体系的知识行动者，在特定学科的知识生产和知识创新过程中所建构的制度体系，其基本要素，涵括知识行动者群体及其职业伦理体系、学科培养制度、学科评价与奖惩制度、学科基金制度。"[1] 学科制度强调了学科内部一系列规范和标准，包括学术人员职业道德、学者社会行为规范、人才培养制度、学科评价制度和奖惩制度等。对于学术人员而言，其主要社会行为还是教学和研究活动，通过人才培养和科学研究来履行自己的责任义务。学科制度就要规范学者的教学与研究行为，规训学科新人以及养成学者之间的职业伦理关系。学科建制强调的主要是学科的组织机构、人员编制等物质层面的内容。因此对学科建设而言，学科建制更多的是机构、人员、物质方面的硬性条件，学科制度主要还是规训、奖惩、规范等精神层面的软性条件。

除此之外，学科制度更重要的是发挥其功能，而学科建制必须要承担相应的职能。"从原理的角度看，功能是客观的，表明一事物能做什么，能做到什么程度，而职能是主观设定的，带有人为地目标和职责，是依据功能来设定。"[2] 学科制度可以发挥的主要功能有"学科制度的基本功能——训练学科新人、训练学者。学科制度的派生功能——约束、秩序、激励功能"[3]。而学科建制作为一种以学科为基础建立的组织系统，它是一种社会实体，只有实体才能承担一定的职责、任务，是与职权、责任联系在一起。具体而言，学科建制的主要

---

[1] 方义：《学科制度和社会认同》，中国人民大学出版社2008年版，第32页。
[2] 单鹰：《高等教育原理》，教育科学出版社2008年版，第178页。
[3] 庞青山：《大学学科论》，广东教育出版社2006年版，第229—231页。

职能是通过知识传递来培养人才、知识创新来发展科学以及知识转化来服务社会。所以,学科制度是客观标准,学科建制是主观设定;学科制度具有普适性,一旦形成,便具有普遍的约束规范作用,而学科建制具有因地制宜性,同样的建制在不同学科、不同学校、不同时期的职能发挥有所侧重。

第二章　中国近代高等教育学科分类与建制演变

　　高等教育不是永恒的范畴，而是历史的范畴，是学校教育发展到一定阶段的产物。高等教育有广义、狭义之分，广义的高等教育指"一定的社会条件下，人们所能够受到的最高的终端教育"①，如柏拉图学园、亚历山大里亚博物馆、印度的那烂陀寺、西周时期的大学、西汉时期的太学甚至中国古代书院等都属于当时历史条件下传递高深学问的高等教育机构。狭义的"高等教育是建立在普通教育（或基础教育）基础上的专业性教育，以培养各种专门人才为目标"②。狭义的高等教育机构到近代产生，在西方经过了中世纪大学到独立学院、专门学校到现代大学的演变历程，在中国以引进西方教育模式后新建立的新式学堂为标志，如京师同文馆、福建船政学堂到京师大学堂、北洋大学堂等。它们承担着培养社会所需高级专门人才的任务，承载着知识的传播、应用与创新的使命。

---

① 刘海峰、史静寰：《高等教育史》，高等教育出版社2010年版，第11页。
② 潘懋元主编：《新编高等教育学》，北京师范大学出版社2002年版，第5页。

第一节　清末大学堂学科分类

中国传统知识分类最早有"六艺",之后出现过"七略""四部"等不同的分类方法,尤其是以典籍文献体裁为分类标准的"经、史、子、集"四部之学成为中国传统知识系统分类的典型代表。在中国近代社会特殊历史背景中,传统知识系统遭遇西方学科的冲击,"四部之学"被多学科取代,大学学科体系按照分科立学原则初建成形。

一　"专门学"的提出

西方大学分科思想的传入可以上推至明末清初。据不完全统计,明清之际译介西书400多部,其中与高等教育相关的有《西学凡》和《职方外纪》。随着《西学凡》的译介,耶稣会高等学校文、理、医、法、教、道科等"西学六科"传入中国。但在科举一统天下的时代,"高等学校的任务主要是培养供选拔的各级行政官吏。所谓学问主要是三个方面:即考据、性理、词章"[①]。显然,以"西学六科"为代表的西方大学学科体系,绝不可能影响到国子监、书院的教学体系。加上"中国封建社会强大的政治权力发展了严密的知识生产控制机制,致使知识的发展只能在国学——儒学的框架内以复制的方式演化出经、史、子、集的基本结构,而不能产生知识的学科分化,以学科为载体的大学因内在发展动力匮乏而与中国古代历史无缘"[②]。况且此次西学东渐潮流由于罗马教廷干涉中国内政,乾隆帝于1757年宣布闭关,中断了西学的传入。第二次西学东渐伴随着西方的坚船利炮传

[①] 高奇:《中国高等教育思想史》,人民教育出版社2001年版,第164页。
[②] 茹宁:《大学的政治逻辑——大学与国家关系的哲学分析》,黑龙江人民出版社2008年版,第165页。

入中国。从西书译介到新式学堂的开办，从"义礼""技艺"之争到"本末""体用"之争，西文、西艺和西学逐渐被国人接受，并且在培养社会所需人才方面发挥越来越重要的作用，进而渗透到中国传统知识系统之中。

"专门学是清末对专业学科的统称"[①]。早在1895年盛宣怀在《拟设天津中西学堂章程禀》中将"专门学"列为头等学堂（相当于大学本科）的教育内容，成为近代大学分科思想的萌芽，具有开拓创新之意。

> 头等学堂第一年功课告竣后，或欲将四年所定功课全行学习，或欲专习一门。专门学分为五门
> 一、工程学（专教演习工程机器，测量地学，重学，汽水学，材料性质学，桥梁房顶学，开洞挖地学，水力机器学）
> 一、电学（深究电理学，讲究用电机理，传电力学，电报并德律风学，电房演试）
> 一、矿物学（深奥金石学，化学，矿务房演试，测量矿苗，矿务略兼机器工程学）
> 一、机器学（深奥重学，材料势力学，机器，汽水机器，绘机器图，机器房演试）
> 一、律例学（大清律例，各国通商条约，万国公法等）

孙家鼐在《议复开办京师大学堂折》中进一步提倡"分科立学"："若云作育人才，储异日国家之大用，则非添筹经费，分科立学不为功"，并肯定"专门学"的价值："学问宜分科也。京外同文方

---

① 《教育大辞典·第10卷：中国近现代教育史》，上海教育出版社1991年版，第325页。

言馆，西学所教亦有算学格致诸端，徒以志趣太卑，浅尝辄止，历年既久，成就甚稀，不立专门，终无心得也。"① 基于其分科立学思想，围绕京师大学堂学科设置问题，拟设立专门学为十科：天学科、地学科、道学科、政学科、文学科、武学科、农学科、工学科、商学科和医学科。其中算学附于天学科，矿学附于地学科，各教源流附于道学科，西国政治及律例附于政学科，各国语言文字附于文学科，水师附于武学科，种植水利附于农学科，制造格致各学附于工学科，轮舟铁路电报附于商学科，地产植物各化学附于医学科。相较于天津头等学堂的五门专门学，京师大学堂学科设置不仅数量翻倍，而且门类齐全。

1898年，梁启超参考日本和西方学制起草京师大学堂章程，将"专门学"与"溥通学"加以区分，"西国学堂所读之书皆分两类：一曰溥通学，二曰专门学。溥通学者，凡学生皆当通习者也。专门学者，每人各占一门者也"②。这里提到的溥通学随后称"普通学"，即"清末对基础学科的统称"③。梁启超规定的溥通学包括经学、理学、中外掌故学、诸子学、初级算学、初级格致学、初级政治学、初级地理学、文学、体操学十种。另外在英、法、俄、德、日语言文字学中学生可以选习一门。溥通学毕业后，学生可以在高等算学、高等格致学、高等政治学（法律学归此门）、高等地理学（测绘学归此门）、农学、矿学、工程学、商学、兵学、卫生学（医学归此门）十种专门

---

① 孙家鼐：《议复开办京师大学堂折》，光绪二十二年七月（1896年8月），汤志钧、陈祖恩、汤仁泽《中国近代教育史资料汇编·戊戌时期教育》，上海教育出版社2007年版，第226页。
② 《总理衙门筹议京师大学堂章程》，光绪二十四年五月十五日（1898年7月3日），汤志钧、陈祖恩、汤仁泽《中国近代教育史资料汇编·戊戌时期教育》，上海教育出版社2007年版，第231页。
③ 《教育大辞典·第10卷：中国近现代教育史》，上海教育出版社1991年版，第326页。

学中选习一门或两门。随着"专门学"与"溥通学"之分，清末已出现专业学科和基础学科的明确划分，专业学科基本指向大学堂，明显区别于普通教育阶段。

对比孙家鼐与梁启超的专门学设计，二者在把中国传统知识系统划分为专门与否上有明显的分歧。不同于孙家鼐把道学科和文学科列入专门学，梁启超把经学、理学、诸子学、文学列入溥通学行列，未列入专门学范畴，这也表现出二者对中西学的基本态度。有关兵学设置上意见也不同，梁启超坚持独立设置兵学，与农、工、商等实用学科并列起来。孙家鼐却持不同意见。但是二者在提倡算学、地理学、政治学等基础学科以及农、工、商、医学等实用学科的设想上基本一致。尤其是二者对于实用学科的一致提倡，反映了当时社会的迫切需要，也明显地暴露出科举考试选拔的人才不能适应社会需求、人才培养模式的改变已成趋势。

二 七科设想到八科分学

"在我国'学科'这个名词，是清末采行学堂分科教育以后才逐渐由西方引进的一种知识分类概念"①。张百熙起草的《钦定京师大学堂章程》中正式出现"学科"一词："今无论京外大小学堂，于修身伦理一门视他学科更宜注意，为培植人材之始基。"在预备科课程分年表、仕学馆课程分年表和师范馆课程分年表中均采用了"学科阶段"一词。《奏定大学堂章程》延续采用"学科"一词，"各分科大学当择学科种类，设置通用讲堂及专用讲堂，以便教授"，还设计了"大学堂学科统系总图"。显然清末大学章程中"学科"一词已被官

---

① 刘龙心：《学术与制度：学科体制与现代中国史学的建立》，新星出版社2007年版，第2页。

方认可和采用。

（一）七科设想

有关大学学科体系的设置问题，张百熙在《钦定京师大学堂章程》中提出七科设想："大学分科，俟预备科学生卒业之后再议课程，今略仿日本例，定为大纲，分列如下：政治科第一，文学科第二，格致科第三，农业科第四，工艺科第五，商务科第六，医术科第七。"①政治科包括政治学和法律学两目，文学科包括经学、史学、理学、诸子学、掌故学、辞章学和外国语言文字学七目，格致科包括天文学、地质学、高等算学、化学、物理学和动植物学六目，农业科包括农艺学、农业化学、林学和兽医学四目，工艺科包括土木工学、机器工学、造船学、造兵器学、电气工学、建筑学、应用化学和采矿冶金学八目，商务科包括簿记学、产业制造学、商业语言学、商法学、商业史学和商业地理学六目，医术科包括医学和药学两目。

相较于梁启超在《教育政策私议》（1902）中设计的"七科大学"，即文科大学、法科大学、医科大学、理科大学、工科大学、农科大学和商科大学的设想，张百熙的七科设想保留了几分"中国特色"，尤其是其延续了"格致"科的称呼，而并没有直接采用"理科"一词。"格致"一词见于《大学》，博学或成人之学三纲领的实现需要八条目的历程，其中内修的前两点就是格物和致知，"格物致知"，原指穷究事物的原理而获得知识，作为一种道德修养方法而被纳入经学范畴。②《清会典》记载的同文馆诸学科中也出现"格致之学"，显然此时的格致学科不再是经学的范畴，是具体包括力学、声

---

① 《钦定京师大学堂章程》，光绪二十八年七月十二日（1902年8月15日），璩鑫奎、唐良炎《中国近代教育史资料汇编·学制演变》，上海教育出版社2007年版，第245页。

② 张亚群：《科举革废与近代中国高等教育的转型》，华中师范大学出版社2005年版，第44页。

学、气学、火学、光学、电学和动植之学等自然科学的范畴。因此，在中国近代教育语境中的格致科泛指数学、天文学、地质学、化学、物理学和动植物学等西方自然科学。总之，七科设想奠定了八科分学的基础。

（二）八科分学

《奏定学堂章程》即癸卯学制是中国近代国家层面正式颁布和实施的学制。其中《奏定大学堂章程》明确规定：大学堂分为八科，即经学科、政法科、文学科、医科、格致科、农科、工科和商科。具体包括8科、46门，门下科目划分为若干主课和补助课。其中科是"近代中国高等学校按学科分设的教学行政组织"，门是"近代中国分科大学堂及大学供学生学习的专门领域"[①]。

八科分学具有实用性与民族性相结合的特点。首先，八科中实用学科5科、20门，基础理论学科3科、26门，基础理论学科的具体科目设置中方法论课占据主导地位，体现了一种经世致用的实用主义倾向。如经学科主课均为各学研究法，文学科的中国史学、万国史学、中外地理学和中国文学门的主课也都以研究法开头。以经学研究法略解为例，"通经所以致用，故经学贵乎有用，贵乎通，不可墨守一家之说，尤不可专务考务考古。研究经学者，务宜将经义推之于实用，此乃群经总义"[②]。除此之外，商科的独立设置以及学门的大改动也从一个侧面反映出对实用学科的重视程度。根据当时日本大学学科设置，并没有商科，只有商学从属于政法科当中。自从孙家鼐明确提出商科开始，八科分学中一贯坚持了商科的独立地位。此次商科学门

[①]《教育大辞典·第3卷：高等教育》，上海教育出版社1991年版，第97页。
[②]《奏定大学堂章程（附通儒院章程）》，光绪二十九年十一月二十六日（1904年1月13日），璩鑫圭、唐良炎《中国近代教育史资料汇编·学制演变》，上海教育出版社2007年版，第350页。

设置把原来的商业语言学、商法学、商业历史和商业地理等学门改为门下的主要科目,簿记学和产业制造学被取缔,设置了银行及保险学、贸易及贩运学和关税学三门。这与我国当时民族工商业的发展需求密切相关。

其次,八科分学最大的特色在于把原本归属于文学科中的经学独立出来设置为经学科。张之洞一贯地重视经学,早在1901年他与刘坤一共同《筹议变通政治人才为先折》中"拟参酌东西学制分为七专门",经学为第一专门,并且要涵括文学。应该说从学科地位的提升看,张之洞对经学的重视和热衷程度比张百熙更胜一筹。同时他还采纳了孙家鼐针对梁启超将经学、理学分开设置提议的"至理学可并入经学为一门"的建议,将原来与经学并列的理学归并于经学科中,并把文学科下的史学门分化为中国史学和万国史学,外国语言文字学具体化为英、法、德、日、俄国文学,与中国文学并列起来,可谓把中西文化划分得泾渭分明。"'八科分学'方案初步奠定了中国近代大学学科体系的基础,大致划定了大学学术研究和教学的范围,使中国传统学术中的经学、史学、辞章学等在'经学科'和'文学科'中得以保存。"① 可以说,经学科的单设、中国史学门和中国文学门的独立,对于保留和传承中国传统知识系统功不可没。

虽说八科分学主要参照了日本的大学学科体系,但不能因此认定其全盘照搬日本大学的学科模式,从这一点上不能将其简单归为"舶来品"。张之洞曾分析德、英、法、日等国高等学堂的"专门之学",英国和法国略同,均分经、教、法、医、化、工科,另外设专门农商矿

---

① 肖朗:《中国近代大学学科体系的形成——从"四部之学"到"七科之学"的转型》,《高等教育研究》2001年第11期。

学,"日本高等学校亦分六门:一法科,二文科,三工科,四理科,五农科,六医科,每科所习学业,各有子目,其余专门各有高等学校"[①]。这种广泛采纳各国大学学科设置的做法是可取和值得肯定的,所以对比英、法、德、日六科之学,八科分学是中国独有的,尤其是经学科的单设和商学科地位的提升完全区别于日本当时的大学学科体系。

(三)二者的关系

通常人们把《奏定学堂章程》的起草归功于张之洞一个人,其实,八科分学的提法很大程度上延续了张百熙的七科设想。因为张之洞与刘坤一"拟参酌东西学制分为七专门",分别是经学、史学、格致学、政治学、兵学、农学和工学。八科分学中虽保留了经学科,但文学不再附属于经学而独立设置,史学却失去独立地位从属于文学科中,未设置兵学,却增设了医科。尤其是医科的设置完全延续了原来的章程规定,因为张之洞不是很看好医学:"至医学一门,以卫生为义,本为养民强国之一大端。然西医不习风土,中医又鲜真传,止可从缓。惟军医必不可缓,故附于兵学之内。"[②] 可见,八科分学中张百熙的七科明显比张之洞本人提倡的七科专门的影响要大。因此,八科分学融合了二人的学科思想,他们面对现实发展需求,肯定西方学科价值本身体现出一种理智,而在采纳西方学科时试图保存中国传统知识系统的考虑,让人看到一种责任。

在以八科分学为基础的清末大学学科体系中看不到经济学、教育学、哲学等学科门类,它们还不具有独立学科地位。经济学和教育学属于学门下设科目之一。此时没有采用日本翻译的"经济学"一词,但它以财用学或理财学的名称出现在不同门下。如政法科政治学门下

---

① 张之洞、刘坤一:《筹议变通政治人才为先折》,光绪二十七年(1901)五月,舒新城《中国近代教育史资料》(上册),人民教育出版社1981年版,第49页。
② 张之洞、刘坤一:《筹议变通政治人才为先折》,第51页。

的主课就有"全国人民财用学""各国理财史"和"各国理财学术史",农科下农学门和林学门的补助课有"理财学"。教育学作为科目出现在政治学门中。有关哲学未设置问题,王国维在章程颁布后提出质疑:"虽然尚书之志善矣,然所以图国家学术之发达者,则固有所未尽焉……其根本之误何在?曰在缺哲学一科而已。"① 不曾设立哲学科的根源与西方学者秉持的知识观有很大关联。因为"晚清时期传入中国之西方知识系统是比较庞杂的,但主要是孔德和斯宾塞所概括之近代知识分类体系"②。而孔德和斯宾塞的科学体系中不包括哲学,他们都把哲学当成科学的科学,即统合一切科学知识的整体。总之,哲学的缺失也好,科门设置缺陷也罢,都不会影响八科分学为基础的清末大学学科体系在近代大学发展史上开拓性的地位与作用。

三 清末大学堂学科分类思想产生的动因分析

(一)新旧教育的消长

近代教育变革朝着两个方向演变,一方面是西学影响下新教育的发展;另一方面是科举影响下传统教育的衰败。这种新旧教育的消长在清末"新政"中得到充分体现。鸦片战争爆发后,西学伴随坚船利炮传入中国。"近代学术分科的观念、方法和原则在西书翻译的过程中,逐渐传入中国并为中国人所认识和接受。"③ 据考证,19世纪末传入中国的近代学科主要集中在人体解剖学、数学、化学、植物学、物理学等自然科学领域(见表2-1)。

---

① 王国维:《奏定经学科大学文学科大学章程书后》,光绪三十二年(1906),潘懋元、刘海峰《中国近代教育史资料汇编·高等教育》,上海教育出版社2007年版,第7页。
② 《同文馆题名录》,光绪二十四年(1898)刊,朱有瓛《中国近代学制史料·第一辑》上册,华东师范大学出版社1983年版,第311页。
③ 纪宝成:《中国大学学科专业设置研究》,中国人民大学出版社2006年版,第3页。

表2-1　　　　　　　清末译介西方学科成就的著作一览表

学科	代表作	出版人	时间	备注
天文学	《天文略论》	[英]合信	1849	介绍了19世纪40年代以前西方天文学成就
人体解剖学	《全体新论》	[英]合信	1851	中国近代第一部系统介绍西方人体解剖学著作
数学	《算法全书》	[英]蒙克利	1852	第一部在中国境内出版的采用西方数学体系的数学教科书
化学	《博物新编》		1855	最早对近代西方化学进行之介绍
植物学	《植物学基础》	韦廉臣、艾约翰与李善兰合作翻译	1859	近代第一部介绍西方近代植物学的著作

资料来源：据左玉河《从四部之学到七科之学：学术分科与近代中国知识系统之创建》，上海书店出版社2004年版，第205—230页整理。

洋务学堂的建立，尤其是同文馆、方言馆等"以译书为要务"的新式学堂在西书译介方面成果显著。仅以京师同文馆为例，在总教习丁韪良的带领下各学教习和学生共同自译的西书达二十多部，涵盖了法律、历史、天文学、数学、物理学、化学、医学等诸多学科内容。"到20世纪初，西方近代社会科学各学术门类，如政治学、法学、经济学、哲学、逻辑学、美学、伦理学、社会学、人类学、教育学、地理学等，通过翻译日书已经引入中国，并很快为中国学界所接受。"[1] 可见，在西书译介过程中，西方传教士、洋务学堂师生和清末游学人员起到至关重要的作用。早期自然科学的传入离不开传教士的作用，后期西书译介中洋务学堂的教习和学生作用显著，西方社会科学的传入与游学人员的作用密不可分。总之，西书的译介为清末大学分科思想的产生提供了重要的思想认识论基础，新式学堂引进科学课程，并

---

[1] 左玉河：《从四部之学到七科之学：学术分科与近代中国知识系统之创建》，上海书店出版社2004年版，第278页。

翻译和编著西书为其积累了必要的实践经验。

清末兴学堂的意愿折射出科举的命运，虽然二者不是矛盾体，但在利益相关性上的矛盾导致了一兴一废的局面。虽然在清末大学学科体系草创之际未曾废科举，不过此时的科举非昔日之科举，民间对其热衷程度并不能阻挡官方对其革废的意愿。1875年开始礼部奏请科举考试特开算学一科，之后请开艺学科、经济专科等，西学的影响逐渐渗透到科举制度中。维新变法时期康有为、梁启超等人开始倡导改科举，废八股，并提议多难之时，不必拘泥于无用之学，兴办学校，教授科学，科举考试改试策论，以期"明中通外"。如此看来，晚清时期科举变革某种程度上推动了西方学科的影响范围，学堂之外的学人为了应对科考，也不得不掌握一些西方科学知识。维新变法失败并没有改变清末学人对科举变革的决心，这般变革科举、兴办学堂，直接影响到中国传统知识系统在学校教育中的地位，进而对西学的进一步渗透提供了极大的空间。

（二）知识价值观的改变

"知识价值观是人们对不同知识体系的功能与地位的一种价值判断，它与教育变革紧密相连"[①]。清末学人对"西学"价值的认可与"中学"的保护是大学分科思想形成的根本动力来源。经历了顽固派与洋务派的"义礼""技艺"之争和洋务派与早期启蒙思想家的"本末""体用"之争，近代中国高等教育的发展方向基本趋于向西方学习，不仅学习"西文""西艺"，更要学习"西学"。

清末知识分子重视对西学的理解与吸收，开始考虑如何将西方学科融入中国传统知识系统的问题。既要学习西方学科，又要保存传统

---

① 张亚群：《科举革废与近代中国高等教育的转型》，华中师范大学出版社2005年版，第44页。

文化，既要充分吸收西学精髓，又要避免西学凌驾于中学。对待两种不同的知识体系如何摆正各自的位置成为一大难题。孙家鼐坚持把西方知识系统融合中国传统知识系统的设想和决心：

> 中国五千年来，圣神相继，政教昌明，决不能如日本之舍己芸人，尽弃其学而学西法。今中国京师创立大学堂，自应以中学为主，西学为辅；中学为体，西学为用；中学有未备者，以西学补之，中学有失传者，以西学还之。以中学包罗西学，不能以西学凌驾中学，此是立学宗旨。日后分科设教，及推广各省，一切均应抱定此意，千变万化，语不离宗。①

相较于孙家鼐"中学包罗西学"的看法，梁启超明显地表露出平均主义色彩较浓厚的"中西兼通"思想。他曾批判中国学人之大弊为：

> 治中学者则绝口不言西学，治西学者亦绝口不言中学；此二学所以终不能合，徒互相诟病，若水火不相入也。夫中学体也，西学用也，二者相需，缺一不可，体用不备，安能成才。且既不讲义理，绝无根底，则浮慕西学，必无心得，只增习气……今力矫流弊，标举两义：一曰中西并重，观其会通，无得偏废；二曰以西文为学堂之一门，不以西文为学堂之全体，以西文为西学发凡，不以西文为西学究竟。②

---

① 孙家鼐：《议复开办京师大学堂折》，光绪二十二年七月（1896年8月），汤志钧、陈祖恩、汤仁泽《中国近代教育史资料汇编·戊戌时期教育》，上海教育出版社2007年版，第225页。

② 《总理衙门筹议京师大学堂章程》，光绪二十四年五月十五日（1898年7月3日），汤志钧、陈祖恩、汤仁泽《中国近代教育史资料汇编·戊戌时期教育》，上海教育出版社2007年版，第230—231页。

有关授课时间和教员的任用规定也一贯地坚持中西并重，甚至表现出一种平均主义思想。

"中体西用"二元论，较集中地表现出清末学人对待西学的矛盾心理。不论首设经学科，还是学科名词尽量避免日本的翻译，足以看出张百熙和张之洞对保留和发展中国传统知识系统做出的努力。"对'自然科学'这个学科的称谓，并没有借用日本的学术用语——'理科'或'科学'来表示，而是采用了儒家学说的一个古典术语——'格致'。这个问题也反映了当时围绕着学科用语而展开的一场争论——究竟是应该用中国传统术语来表示那些新的现代学科呢？还是借用日本的外来词汇呢？"①

在《奏定大学堂章程》中诸如此类的学科用语还很多。如辨学（日本名论理学，中国古名为辨学）、公益学（日本名社会学，近人译作群学）、政治总义（日本名为政治学）、各国政治史（日本名为政治史）、全国人民财用学（日本名理财学及经济学）、国家财政学（日本名为财政学）、各国理财史（日本名为经济史）、各国理财学术史（日本名为经济学史）、全国土地民物统计学（日本名为统计学）、各国行政机关学（日本名为行政法学）、检验医学（日本名法医学）、检验化学（日本名裁判化学）、理财学（日本名经济学）、农业理财学（日本名农业经济学）、冶金制器学（日本名制造冶金学）、工艺理财学（日本名工艺经济学）、铸铁学（日本名铁冶金学）等等。

若对具体科、门名称作深入分析，会看到"西学包罗中学"的事实。不论是"经部"改称"经学"，还是经学科下所有门的称呼中，无处不挂"学"，如周易学、尚书学、毛诗学到论语学、孟子学。这

---

① ［加拿大］许美德：《中国大学1895—1995：一个文化冲突的世纪》，许洁英译，教育科学出版社1999年版，第58页。

般对西方学科称呼形式上的模仿，与其说是把西方学科融入中国传统知识系统，不如说是使中国传统知识系统更接近于西方学科。

第二节　民国时期大学学科分类

民国的成立对中国近代大学学科的发展产生了深刻影响，各类大学按照《大学令》"七科之学"的规定建立学科体系的同时，还明确提出大学多学科文理综合的标准，奠定了中国近现代大学学科制度的基础。

一　经学科的废除与"七科之学"的确立

1912年10月和1913年1月陆续颁布实施的《大学令》《大学规程》对大学学科的规定，突破了《奏定大学堂章程》中西结合的"科—门"规定，经学科失去独立学科地位，"格致科"改称"理科"，建立文、理、法、商、医、农、工"七科之学"，学科规定沿着西方学科的套路在发展，大学学科的正当性基本以近代西方学科分类为标准。

（一）经学科独立学科地位的缺失

对比《奏定大学堂章程》中学科体系的规定，民国初期大学学科体系最大的改变是学科门类中经学科被取缔。经学不再是一种学科门类，失去其独立学科地位，附属在文科中，分解在哲学、文学和历史学下设二级学科中，或者成为二级学科下设科目之一，或者变成科目中具体内容之一，成为普通历史文献资料。

《奏定大学堂章程》规定的经学科下设11门，分别是周易学、尚书学、毛诗学、春秋左传学、春秋三传学、周礼学、仪礼学、礼记学、论语学、孟子学和理学。民初《大学规程》中《周易》《毛诗》《礼记》《春秋·公·谷传》《论语》《孟子》《周秦诸子》《宋理学》等包含在哲学一级学科下设中国哲学二级学科下面的中国哲学科目中；《尚书》《春秋左氏传》包含在历史学一级学科下设中国史二级学科下的中国史科目中；《周礼》包含在历史学一级学科下设东洋史二级学科下面的法制史科目中；《尔雅学》成为文学一级学科下设国文学二级学科下面的具体科目之一。由此可见，除了《尔雅学》成为一门课程之外，其他经学科各门均变成中国哲学、中国史、法制史等课程的具体构成内容。

从经学科失去独立学科地位的现实看，在民国时期大学学科体系中，中国传统学科地位急剧下降，西方学科占据主导地位，"中体西用"思想再不能主宰教育领域。相对而言，《奏定大学堂章程》中经学科排在八大学科门类之首，体现了"中学为体"的基本宗旨，"格致科"一词的采用也极力表现出中国传统文化色彩。而民初《大学规程》中已看不到它们的痕迹，取而代之的是文、理科，大学学科开始按照国际通行的学科体系运行。学科编排原则也从《奏定大学堂章程》中"中学"到"西学"的顺序，改成从基础学科到应用学科的顺序，体现了科学发展的内在逻辑。

(二) 形成七科为基础的大学本科学科体系

"本科"一词在中国近代制度文本中最早出现于1912年《大学令》中。《大学令》第九条规定，大学预科修业期满，试验及格，授以毕业证书，升入本科。"本科"相对于"预科"而言特指"正科"，是获得相应的毕业证书或学位证书的大学全日制教学阶段。

1912年《大学令》明确规定大学以教授高深学术、养成硕学闳材、应国家需要为宗旨，大学分文、理、法、商、医、农、工七科。1913年《大学规程》详细规定，大学学科体系由科—门—类—科目四级构成，相当于当今的学科门类、一级学科、二级学科和课程四部分。具体包括7大学科门类、39个一级学科、12个二级学科和若干课程（科目总数为1105），见表2-2。

表 2-2　　1913 年 1 月 12 日部令第 1 号《大学规程》
第二章规定之学科及科目

科	门	类	科目数量	科	门	类	科目数量
文	哲学	中国哲学	16	商	银行学	—	32
		西洋哲学	16		保险学	—	26
	文学	国文学	13		外国贸易学	—	32
		梵文学	11		领事学	—	27
		英文学	11		关税仓库学	—	28
		法文学	11		交通学	—	31
		德文学	11	医	医学	—	51
		俄文学	11		药学	—	52
		意大利文学	11	农	农学	—	36
		言语学	12		农艺化学	—	30
	历史学	中国史及东洋史学	15		林学	—	41
		西洋史学	12		兽医学	—	40
理	地理学	—	13	工	土木工学	—	28
	数学	—	16		机械工学	—	22
	星学	—	20		船用机关学	—	21
	理论物理学	—	14		造船学	—	20
	实验物理学	—	14		造兵学	—	27
	化学	—	13		电气工学	—	25
	动物学	—	21		建筑学	—	27
	植物学	—	21		应用化学	—	23
	地质学	—	21		火药学	—	25
	矿物学	—	22		采矿学	—	32
法	法律学	—	19		冶金学	—	32
	政治学	—	27				
	经济学	—	26				

资料来源：《教育部公布大学规程》，1913 年 1 月 12 日部令第 1 号，璩鑫奎、唐良炎《中国近代教育史资料汇编·学制演变》，上海教育出版社 2007 年版，第 709—721 页。

如表2-2所示,文、理、法、商、医、农、工7大学科门类下设一级学科数量分别是:文科4个、理科9个、法科3个、商科6个、医科2个、农科4个、工科11个。二级学科只出现在哲学、文学和历史学等一级学科下,共计12个,从一级学科分化趋势看,文科发展相较于其他学科要成熟很多。

(三)学科的分化趋势

对比《奏定大学堂章程》,此次大学学科体系还扩充一级学科,增设二级学科,设置选修科目。新增一级学科分别是,文科增设哲学,法科增设经济学,理科增设矿物学,工科增设船用机关学,商科增设领事学。尤其是饱受争议的哲学终于在大学学科体系中获得了独立学科地位,经济学也从原来的一级学科下设科目提升为法科门类下设一级学科,从其获得独立学科地位中可以看出人们对它的重视程度。

一级学科的调整还表现在学科分化上。如原来格致科下设物理学,分化为理论物理学和实验物理学;动植物学分化为动物学和植物学;工科下设采矿及冶金学,分化为采矿学和冶金学;商科下设银行及保险学,分化为银行学和保险学;贸易及贩运学分化为外国贸易学和交通学等一级学科。一级学科内部的分化现象充分证明上述学科的成熟与发展程度。除此之外,一级学科中原来的中国文学、英国文学、法国文学、俄国文学、德国文学、日本文学、中国史学、万国史学等,从一级学科划归到二级学科范畴,一级学科层面取消国家界限,合成文学、历史学和地理学等,淡化文化的印记,突出科学研究的无国界性。

《奏定大学堂章程》规定的学科体系中只有科—门—科目三级,即学科门类、一级学科和课程。民初《大学规程》规定的学科体系中增设"类",即相当于二级学科的层次,变成科—门—类—科目四级。

新增二级学科包括12门：中国哲学、西洋哲学、国文学、梵文学、英文学、法文学、德文学、俄文学、意大利文学、言语学、中国史及东洋史学和西洋史学。除中国哲学和西洋哲学为新设学科之外，其余二级学科均为《奏定大学堂章程》中文学科下设一级学科演变而来。

民初《大学规程》规定的科目不再细分主课与补助课。法科和农科各门中均有选择科目的规定，通常用"＊"号表述。如法律学门中比较法制史、刑事政策、国法学、财政学为选择科目；政治学门中农业政策、工业政策、商业政策、社会政策、交通政策、殖民政策、国际公法（各论）、政党史、国际私法为选择科目；经济学门中政治学、行政法、刑法总论、国际公法、国际私法为选择科目；农学门中林学通论、兽医学通论、水产学通论为选择科目；农艺化学门中园艺学、养蚕学、农政学为选择科目；林学门中狩猎论、养鱼论为选择科目；兽医学门中法学通论、农学总论为选择科目。总之，无论是新增学科也好，学科分化也好，还是学科名称西化也好，都再次证明，民初大学学科编制与国外大学学科编制越发接近，显示出大学学科与国际接轨的发展势头。

（四）大学文理综合学科标准的设立

1912年《大学令》第三条规定："大学以文、理二科为主；须合于下列各款之一，方得名为大学：一、文、理二科并设者；二、文科兼法、商二科者；三、理科兼医、农、工三科或二科或一科者。"[①] 相较于清末大学堂分科大学的多学科要求，此时大学学科设置开始出现文理学科的综合性特征。若要符合大学的称谓，或文理综合或基础学科与应用学科并行，可以文科与法科、商科综合，也可以理科与农

---

① 《教育部公布大学令》，1912年10月24日部令第17号，潘懋元、刘海峰《中国近代教育史资料汇编·高等教育》，上海教育出版社2007年版，第367页。

科、工科、医科综合,文理两科是大学的重心,其他应用学科的设置以文理学科为基础。

《大学令》限定大学学科设置标准,不仅使大学学科设置更为规范合理,还在高等教育机构中把大学与专门学校有效地区分出来。在民初高等教育机构中,与大学平行的还有专门学校,具体分为法政、医学、药学、农业、工业、商业、美术、音乐、商船、外国语十类。从学科设置门类上,专门学校不设置文、理科之外,其余的学科门类与大学相差无几。以《法政专门学校规程令》为例,"法政专门学校分为三科:法律科、政治科、经济科"。虽说三科,按照《大学规程》规定,相当于法科下设法律学、政治学和经济学门。可见,当时的专门学校类似于单科大学,在教学层次上同属于本科院校,学制也是三至四年。因此二者的区别也只能从学科设置标准上加以区分。

二 大学学科的调整

(一) 大学学科设置标准的降低

1917年《修正大学令》放宽大学学科设置标准,1922年新学制明确规定了大学设数科或一科均可。在1917年1月27日召开的国立高等学校校务讨论会上,蔡元培先生提出,现行大学学科规定模仿日本,大学和高等专门学校均设法、医、农、工、商诸科,重复设置导致资源浪费。他主张:"大学设文、理二科。其法、医、农、工、商五科,别为独立之大学。其名为法科大学、医科大学等。其理由有二:文、理二科,专属学理;其他各科,偏重致用,一也。文、理二科,有研究所、实验室、图书馆、植物园、动物院等种种之设备,各为一区,已非容易。若遍设各科,而又加以医科之病院、工科之工场、农科之试验场等,则范围过大,不能各择适宜之地点：一也。"①

1917年2月23日教育部会议讨论通过上述主张，1917年9月27日颁布《修正大学令》，把大学学科设置标准降低到"设二科以上者得称为大学，其设一科者称某科大学"②。通过《修正大学令》，在制度层面上把大学学科设置标准降低到数科或一科，允许设置单科大学。

1922年11月1日教育部公布《学校系统改革案》，规定"大学校设数科或一科均可，其单设一科者，称某科大学校。依旧制设立之高等师范学校，应于相当时期内提高程度，收受高级中学毕业生，修业年限四年，称为师范大学校。因学科及地方特别情形，得设专门学校，高级中学毕业生入之，修业年限三年以上。年限与大学校同者，待遇亦同"③。1922年新学制将大学学科设置标准确定为设数科或一科均可，大学学科设置不再强调多学科性或多学科综合性，但凡能设一科的也能充当大学。

（二）大学多学科设置标准的复归

南京国民政府教育部1929年颁布《大学组织法》，大学的多学科标准得以复归，大学学科设置不仅达到三个学科门类的基本要求，学科布局要求达到文理综合或社会科学与自然科学相平衡的标准。

国民政府教育部为了限制1922年以来出现的大学的无序发展局面，于1929年7月26日颁布《大学组织法》，明确规定大学以研究高深学术，养成专门人才的培养目标，大学分设文、理、法、教育、农、工、商、医各学院，凡具备三学院以上才能称为大学，不到三学

---

① 蔡元培：《大学改制之事实及理由》，璩鑫圭、唐良炎《中国近代教育史资料汇编·学制演变》，上海教育出版社2007年版，第831页。
② 《教育部公布修正大学令》，1917年9月27日部令第64号，潘懋元、刘海峰《中国近代教育史资料汇编·高等教育》，上海教育出版社2007年版，第372页。
③ 《大总统公布学校系统令》，1922年11月1日，中国第二历史档案馆编《中华民国史档案资料汇编·第三辑·教育》，江苏古籍出版社1991年版，第105页。

院的称为独立学院。此次规定突破了1917年《修正大学令》、1922年《学校系统改革案》以及1924年《国立大学校条例》中大学设数科或一科均可的规定，提高了大学学科设置标准，再次强调了大学的多学科性。不同于民初《大学令》七科设置，1929年大学学科制度中增设了教育科，并特别强调自然科学学科建设，"大学教育注重实用科学之原则，必须包含理学院或农、工、商、医各学院之一"[①]。不仅大学学科设置数量达到三个学科门类的基本要求，学科布局要求达到文理综合或社会科学与自然科学相平衡的标准。

第三节　中国近代高等院校学科建制沿革

学科建制是按学科编制编成的大学学术组织及其隶属关系，以此为组织基础，学科发展从高深知识的传播、创新到应用，逐渐完善了大学的人才培养、科学研究与社会服务职能。中国近现代大学学科建制从"科—门""科—系"建制最终演变成为"院—系"建制，充分反映了西方大学模式的影响。

一　"科—门"建制

1895年成立的天津中西学堂（北洋大学堂）头等学堂设置的法律学、矿学、工程学和机器学门，是中国近代新式大学最早的学科建制。从法科、工科学科门类看，均是西方学科的移植，看不到中国古代经、史、子、集"四部之学"的痕迹。1904年的《奏定大学堂章程》规定的大学堂八科以及下设46门也是对西方学科分类的引用，详见表2-3。

---

① 《教育部公布大学规程》，1929年8月14日，中国第二历史档案馆编《中华民国史档案资料汇编·第五辑·第一编·教育》（一），江苏古籍出版社1994年版，第174页。

表2-3　　　　　　　《奏定大学堂章程》的学科分类

科	经学	法政	文学	医	格致	农	工	商
门	周易学	政治	中国史学	医学	数学	农学	土木工程学	银行及保险学
	尚书学	法律	万国史学	药学	星学	农艺学	机器工学	贸易及贩运学
	毛诗学		中外地理学		物理学	林学	造船学	关税学
	春秋左传学		中国文学		化学	兽医学	造兵器学	
	春秋三传学		英国文学		动植物学		电气工学	
	周礼学		法国文学		地质学		建筑学	
	仪礼学		俄国文学				应用化学	
	礼记学		德国文学				火药学	
	论语学		日本文学				采矿及冶金学	
	孟子学							
	理学							

资料来源：据《奏定大学堂章程（附通儒院章程）》，光绪二十九年十一月二十六日（1904年1月13日），璩鑫奎、唐良炎《中国近代教育史资料汇编·学制演变》，上海教育出版社2007年版，第349—389页整理。

清末"科"一词用法较为混乱，王李金教授在分析山西大学堂学科设置时专门强调，"需要说明的是，科既是标志学业层次高低之科，又是标志学科分类之科，交叉重叠，比较混乱"[①]。如：预科是指学业层次的高低，文学科指学科分类。表2-3中的"科"属于学科分类。按照现有的理解"'科'相当于我们现在的学科门类，科下设'门'相当于我们现在所称的一、二级学科和专业"[②]。以"科—门"建制为特征，大学形成了由学科门类和一级学科组成的学科体系。从制度

---

① 王李金：《从山西大学堂到山西大学（1902—1937）：探寻中国近代大学教育创立和发展的轨迹》，山西大学，博士学位论文，2006年。
② 纪宝成：《中国大学学科专业设置研究》，中国人民大学出版社2006年版，第5页。

参照的蓝本看,"科—门"建制参照了日本大学的学科建制,而明治维新后,日本的学校教育制度主要仿效了德国学制,因此,"科—门"建制间接模仿了德国大学模式。

1910年3月31日,京师大学堂分科大学正式开学,建立了中西结合的"科—门"建制,以学科门类为基础组成经科、法政科、文科、格致科、农科、工科和商科大学,据《北京农业专门学校沿革志略》,农科大学到了宣统二年(1910)8月才开设。由于秉持"中体西用"思想,京师大学堂分科大学学科建制中,坚持了中国传统学科的基础地位,试图对中国传统学科有所继承,但从学科数量上来看,西学占据主导地位。从学科门类规定看,经科和文科下设中国文学门属于中国传统学科的范畴。法政科的法律和政治、文科的外国文学、格致科的化学和地质学、农科的农学、工科的土木工学和采矿及冶金学、商科的银行保险学等"科—门",均属于西方学科的范畴,是为获得西方科学、技术以及可能带来的社会经济利益而设置的学科建制。

京师大学堂分科大学采用了总监督负责,部门分工的学科组织管理模式。每科设监督一人,受大学堂总监督管辖,各分科大学相当于一个独立的教学行政组织,在京师大学堂总监督管辖下各司其职。监督下设教务提调、庶务提调和斋务提调,分别管理本学科门类的教学、总务和学生管理事务,类似于现在大学里的教务处处长、总务处处长和学生处处长等行政职务。教务提调下设正副教员,庶务提调下设文案官、会计官和杂物官,斋务提调下设监学官、检查官和卫生官。为了保证学科组织及其成员有效地行使职权和履行职责,需要制定相关制度加以约束和规范。京师大学堂的学科建制"并不是其内在观念建制自然发展的结果,而主要是为了服务外在社会需要而人为催生的'早产儿'"①，使大学成为传播知识的主阵地，并引导人们注重学科知识的经世致用价值。以学科门类为基础建立的分科大学，虽具有专门管理人员和正副教员，在其草创之时，对学科功能的体现仅局限于知识的传播，没有知识的创新与推广，学科组织的学术性无从谈起，也自然谈不上社会服务职能。

二 "科—系"建制

蔡元培先生1917年开始执掌国立北京大学（前身京师大学堂），大胆改革"科—门"建制，打通文理分科，突破学科门类限制，"门"改设学系，建立了以一级学科为基础的大学学科组织形式——学系。"学系"简称"系"，是高等学校按照学科设置的教学单位，起源于中世纪大学。现代大学产生后，"美国大学根据德国讲座制的概念建立了系的体制，大学的学术工作根据学科来划分。这种改革产生了以学科为基础的新学科组织形式——学系。学系于1825年首先出现在哈佛学院"②。国立北京大学改设学系后取消各科教务处，设立校一级教务管理机构，统一领导全校教学事务，组织协调各系教学工作。学系成为基层学科组织，各系成立教授会，规划本系教学工作，教学也具有相对独立性，从而有利于学科的分化与纵深发展。改设学系后国立北京大学形成学校—学系二级教学管理模式，大学真正意义上实现统管教学工作，人才培养进入统一规划阶段。

国立北京大学采用学系建制之后，国立东南大学采用了"科—系"建制，1924年《国立大学校条例》第四条规定"国立大学校各

---

① 刘小强：《关于高等教育研究的"学科模式"的反思》，《高教探索》2011年第5期。

② 庞青山：《大学学科论》，广东教育出版社2006年版，第151—152页。

科分设各学系"①。"系建制的建立,在中国近代高等教育发展史上同样具有重要的意义。它标志着中国古代'门馆之学''门闱之学'在高等教育领域的终结,标志着中国近代大学从基础建制上对西方现代大学模式的高度认同,也标志着中国高等教育开始步入近代化阶段。"②

"以培养适合于社会所最需要之人材为标准,希望将来陶冶一种有科学思想有真人格有真办事能力之学生,以应用于现实之社会、而为建造国家之中坚人物"③ 为宗旨,国立东南大学"科—系"建制,整合了大学的人才培养、科学研究与社会服务职能为一体。国立东南大学初设文理、教育、农、工、商5科27个学系。相较于同时代的国立北京大学、北洋大学和山西大学的学科建制,国立东南大学生物系、心理学、教育系、体育系、农艺系、园艺系、畜牧系、病虫害系、会计系、银行系、工商管理系、蚕桑系等在中国近代国立大学中最先具有学科建制。

1921年2月议定的《国立东南大学校组织大纲》对"科—系"建制说明如下,"其特点在以各学系为主体,而以有关系之学系分别性质,先行组成文理、教育、农、工、商五科。此种组织之优点,在使教授上有完全之独立,得以充分发展,而同时又有各科以总持行政上之事务也"④。可见,科的设立相当于相关学系的联合体,科一级负责教育行政事务,各学系负责具体教学事务,学系的设立使得教学具有相对独立性,"科—系"共同合成为以学科为基础建立的学术组织

---

① 《教育部公布国立大学校条例令》,1924年2月23日,中国第二历史档案馆编《中华民国史档案资料汇编·第三辑·教育》,江苏古籍出版社1991年版,第174页。
② 周川:《中国近代大学建制发展分析》,《北京大学教育评论》2004年第3期。
③ 《东南大学之新气象》,《申报》1922年10月1日第3版。
④ 《东南大学组织大纲之议定》,《申报》1921年2月12日第3版。

系统。

各科设主任一人，总负责行政事务，各系设主任一人，具体负责教学工作，二者均由校长延聘。各系设教授若干人，必要的时候可以设讲师助教或助理，同样由校长延聘。各科设立科教授会，各系设立系教授会，由各科或各系教授组成。全校设立教授会和评议会，有权议决有关科与系的增设、废止或变更事宜。国立东南大学全校设置专门的教务部，设主任一人，管理全校教学工作，各科总负责本学科门类的教育行政，学系具体负责本学科的教学管理，采用学校—科—系三级教学管理模式。

国立东南大学建校初期各学系不同程度地开展了科学研究工作。据1922年3月12日《申报》刊载的《东南大学进行近讯》，当时东南大学教员、学生共同参与编写的出版物增多，有影响的杂志就包括《教育研究》《农业丛刊》《工业研究》《史地学报》《文哲学报》《中等教育研究》《心理》《学衡》等。文理、教育科教授刘伯明、陆志韦、王伯秋等发起组织"中国社会科学社"，刘伯明组织了"中国哲学会"，教育科与当时国内各大学及教育机关合组建立"中华教育改进社"，该社研究成果弥补了当时国内教育统计方面的空缺。中国教育统计方面，"清末迄于民六，有政府统计可考，民六以后之十年，前北京教育部，并无统计报告，仅有十四年中华教育改进社出版之全国中等以上学校统计"[①]。可见，该学社为后人研究民国中期中国教育问题提供了宝贵的史料和可资参考的统计数据。还有穆藕初建农具院，征集中外农具，从事试验。除此之外，当时国立东南大学助理教授多数为本校毕业生，他们践行教学与科学研究相结合的原则，一边

---

① 辛树织：《第一次中国教育年鉴·第二册·丙编·教育概况上》（民国二十三年），台北传记文学出版社1971年影印本，第335页。

任教，一边研究学问，一部分人还出国深造，为学术发展打下坚实的基础。

学系建制的采用很大程度上受到大学办学者的影响，国立北京大学蔡元培校长，数次赴德国、法国留学，考察过欧洲国家的大学。国立东南大学郭秉文校长，留学美国，获得美国哥伦比亚大学教育学硕士、哲学博士学位，对美国大学教育有深入了解。两位校长在民国初期，在各自执掌的大学采用学系建制，必然与其留学经历密切相关。正是在蔡元培、郭秉文等广泛接触西方大学教育的校长的努力下，中国近代国立大学引进了学系建制，从而1924年《国立大学校条例》中，从制度层面上确立了国立大学的学系建制。实质上中国近代国立大学突破"科—门"建制，采用学系建制，还是对西方大学学科建制的移植，只是这一次并没有采用日本、德国大学模式，而是直接采用欧美大学模式。

三 "院—系"建制

"早在1923年，蒋梦麟在代表杭州大学董事会拟就的《杭州大学章程》中，就曾设计了一个非常清晰的'校、院、系'组织体系。该章程较多地借鉴了美国高等教育的模式，是近代中国较早对'校—院—系'建制进行建构的尝试"[①]。1924年成立的国立广东大学却是最先采用"院—系"建制，成为中国近代国立大学"院—系"建制的萌芽。1928年10月，南京国民政府改大学院为教育部，14日任命蒋梦麟为教育部部长，统筹管理全国教育事务。显然，在大学制度中"科—系"建制改为"院—系"建制，"学院"替代"科"的进程中，蒋梦麟起到重要作用。

---

① 周川：《中国近代大学建制发展分析》，《北京大学教育评论》2004年第3期。

国立中央大学（前身是国立东南大学，大学区制时期暂时改为国立第三中山大学，后更名为江苏大学）短暂尝试过"院—系、科"建制。学院下设系和科，划分出基础学科与应用学科的界限。"凡同性质之课目，在学术上能构成系统者为系；合适之课目，在应用上能构成课程者为科。"[①] 按此规定，国立中央大学最先在学院中明确划分基础学科与应用学科，学科建制采用"院—系、科"建制。

据1928年11月15日《中央大学本部组织大纲》规定，国立中央大学学科建制如下：

> 理学院设算学系、物理学系、化学系、地学系、生物学系、心理学系；
>
> 文学院设中国文学系、外国语文系、哲学系、史地学系、社会学系；
>
> 法学院设政治学系、法律学系、经济学系；
>
> 教育学院设教育学系、师资科、艺术专修科、体育专修科；
>
> 医学院设基本系（内分解剖科、生理化学科、生理科、药理科、病理科、细菌及寄生虫学科、卫生科）、临床系（内分内科、外科、小儿科、妇科及产科）；
>
> 农学院设植物农艺科、动物农艺科、农产制造科；
>
> 工学院设机械工程科、电机工程科、土木工程科、化学工程科、建筑工程科、矿冶科、染织科；
>
> 商学院设银行科、会计科、工商管理科、国际贸易科。[②]

---

① 《最近中央大学概况》，《申报》1929年1月1日第6版。
② 南京大学校庆校史资料编辑组、学报编辑部编辑：《南京大学校史资料选辑》，南京大学印刷厂（内部发行）1982年版，第229—230页。

从上述系、科编制看，文、理学院只设系，不设科，属于学理层面的基础学科，农、工、商、医学院只设科，不设系，属于应用学科范畴。而法学院和教育学院不仅设科，还设系，说明它们在学科属性上，不仅涉及学术性，也涉及应用性。1929年7月国民政府停止大学区制后，原来的教育行政权归于地方教育厅，大学继续办学，学科建制维持原来的"院—系、科"建制。随着1932年商、医两学院独立为国立上海商学院及国立上海医学院，国立中央大学八学院变成六院，学科建制也多有变动，尤其是院下设科全部改为系，变成全国统一的"院—系"建制。

国民政府教育部1929年7月26日颁布《大学组织法》，规范了大学的"院—系"建制，学科建制进入规范有序的发展阶段。学院正式成为大学的学科组织机构，下设学系，简称学院制。"学院制就是在大学之下设立学院，学院之下再设系，学院在大学内享有较大的自主权。这是一个分权的组织结构形式，适用于规模较大的多科性大学。"[①] 从世界范围看，学院产生于中世纪大学，最早的"学院"不是作为教学机构，而只是为贫困学生提供的住宿场所，后来住宿式学院逐渐成为属于同一学科的师生共同生活和学习的教学机构。在美国，"学院制的实行主要是源于研究型大学的兴起"[②]。1876年建立的霍普金斯大学开创了美国研究型大学的先河，它的成功，促进了哈佛大学、哥伦比亚大学、耶鲁大学等传统大学向研究型大学的转变，并纷纷开始采用学院制。现代大学的学院发展成为以学科为单位从事教学科研活动的学术组织。

1929年8月14日颁布的《大学规程》第二章规定的大学"院—

---

① 薛天祥：《高等教育管理学》，华东师范大学出版社1997年版，第211—212页。
② 曹贵权、吴建秀：《模式与道路——关于学院制的历史、运行机制和我国大学的学院制改革》，《中国高教研究》1997年第2期。

系"建制如下：

　　大学文学院或独立学院文科，分中国文学、外国文学、哲学、史学、语言学、社会学、音乐学及其他各学系。

　　大学理学院或独立学院理科，分数学、物理学、化学、生物学、生理学、心理学、地理学、地质学及其他各学系，并得附设药科。

　　大学法学院或独立学院法科，分法律、政治、经济三学系，但得专设法律学系。

　　大学或独立学院之有文学院或文科而不设法学院或法科，及设法学院或法科而专设法律学系者，得设政治、经济二学系于文学院或文科。

　　大学教育学院或独立学院教育科，分教育原理、教育心理、教育行政、教育方法及其他学系，大学或独立学院之有文学院或文科而不设教育学院或教育科者，得设教育学系于文学院或文科。

　　大学农学院或独立学院农科，分农学、林学、兽医、畜牧、蚕桑、园艺及其他各学系。

　　大学工学院或独立学院工科，分土木工程、机械工程、电热工程、化学工程、造船学、建筑学、采矿、冶金及其他各学系。

　　大学商学院或独立学院商科分银行、会计、统计、国际贸易、工商管理、交通管理及其他各学系。

　　大学医学院或独立学院医科不分系。[1]

---

[1] 《教育部公布大学规程》，1929年8月14日，中国第二历史档案馆编《中华民国史档案资料汇编·第五辑·第一编·教育》（一），江苏古籍出版社1994年版，第174—175页。

《大学组织法》规定，各学院设院长一人，综合管理院务，各系设主任一人，主要办理本系教务工作，院长由校长聘任，系主任由院长商情校长聘任。各学院由院长、系主任、事务主任组成院务会议，计划本院学术事宜，并审议全院一切事宜。同样各系设系教务会议，由全系教员组成，系主任为主席，计划本系学术设备事宜。学院在学校组织中发挥承上启下的作用，因为院一级组织在当时没有多少实权，它只是介乎校长与系主任之间的一个转承与协商的机构。学系真正意义上成为大学基层学术组织，直接处理教学、科研等具体事务。这一点可以从1931年国立大学院系统计资料中得到证实，从当时绝大多数国立大学院长兼任该院某系主任一职来看，掌握教学实权的不是院长一级，而是系主任一级。《大学组织法》颁布实施后，大学学科建制普遍采用"院—系"建制。中国近代大学"院—系"建制沿用至1952年的高等院校院系调整时期。

综上所述，国立大学每一次新的学科建制均在制度颁布之前就有萌芽与有效的尝试。分科大学的规定在1904年《奏定大学堂章程》中出现，但1895年天津中西学堂最先尝试分科教学；学系的规定在1924年《国立大学校条例》中出现，但1919年国立北京大学就率先撤门改系，1921年创办的国立东南大学采用"科—系"建制；学院建制的规定在1929年《大学规程》中出现，但1925年国立中山大学就采用"院—系"建制，1928年国立中央大学还采用了"院—系、科"建制。可见，国立大学学科建制改革与尝试为制度层面上大学学科建制的规定提供了宝贵的经验与坚实的实践基础。这也可以证明国立大学的近代化在学科层面上虽然有明显的外来的痕迹，但在具体操作层面上更多的是本土的尝试和探索，因此，中国高等教育的近代化绝不是简单的西化，而是历经艰辛尝试后的本土化过程。

从学科门类为基础设立"科"建制到以一级学科为基础建立

"系"建制,"院—系"建制延续了以学科分类为基础建立学科组织的传统,开创了中国大学学科组织的学科逻辑模式。"学科逻辑模式是根据知识的学科分类来设立基层学术组织的模式。"[1] 其特点是根据现有学科分类建立学科组织,认同学科现有发展状况,在此基础上通过知识传播、扩展与应用,促进学科的纵深发展与横向交涉。

---

[1] 史秋衡、吴雪:《大学基层学术组织制度建设的内在逻辑》,《复旦教育论坛》2009年第5期。

第三章 清末蒙古族高等院校学科建制雏形

民族高等教育，除了从高等教育层面考量其普通教育基础上的专业教育的特征之外，还要从招生对象上考察其民族特征。"民族高等教育，是指以各类少数民族成员为对象，采用正规或非正规的方式而实施的中等教育以上程度的各种高等专业教育，各类高等教育机构设置的各类普通教育课程计划所提供的教育和培训，以及在各种传统少数民族文化机构所进行的有关民族文化的高层次传授与研修活动。"[1] 本书秉持该界定的主旨，以蒙古族学员为主要招生对象，采用正规或非正规的方式实施的中等教育以上程度的各种高等专业教育和研究活动来界定蒙古族高等教育。

为了鼓励和培养蒙古族高层次人才，也为了晚清社会政治稳定与加强对边疆地区的统治，在朝廷有识之士与蒙古王公的合力下，1908年在京师设立满蒙文高等学堂（归属学部），1909年设立贵胄法政学堂（归属理藩部），同年又开设了高等实业学堂——殖边学堂（归属理藩部）。上述三所不同层次和类型的高等教育机构代表了蒙古族高等教育的发轫，其学科建制也代表了蒙古族高等院校学科建制的

---

[1] 哈经雄、滕星：《民族教育学通论》，教育科学出版社2001年版，第397页。

雏形。

第一节　近代蒙古族高等教育产生的时代背景

《蒙古学百科全书》中介绍的清朝蒙古族子弟就读的学堂主要有四类：礼部管辖的八旗官学、理藩院管辖的咸安宫蒙古三学（蒙古学、唐古忒学、托忒学）、地方蒙古官学和满蒙合校的学堂。[①] 近代以来的晚清时期，蒙古族教育机构主要有咸安宫蒙古学和理藩部蒙古学。"咸安宫蒙古学，系专为养成蒙古翻译的人才，限定收容蒙古八旗的子弟的。至于理藩部蒙古学，即为养成蒙藏翻译的人才而设，分为甲乙两班：甲班系理藩部的候补人员入学，乙班系收容蒙古八旗中之通晓蒙文汉文的青年。此等蒙古学，于一九一三年都合并为蒙藏学校了。"[②]

新式学堂兴办后，蒙古各盟旗兴办的学堂中没有高等教育机构。最先兴办的新式学堂中最具影响力的是卓索图盟喀喇沁右旗的崇正学堂（1902年）、守正武备学堂（1903年）和毓正女子学堂（1903年），"学堂的课程基本遵照钦定小学堂和蒙学堂章程办理"[③]。从其遵循的章程程度来看，上述学堂的程度为初等教育阶段和学前教育阶段，当时的历史条件和时代背景中只有内地才有可能创办培养蒙古族高级专门人才的高等教育机构，而边疆文化教育开化的落后性和经济

---

① 蒙古学百科全书编辑委员会：《蒙古学百科全书·教育》，内蒙古人民出版社2009年版，第277页。
② 乐嗣炳编：《近代中国教育实况》，上海世界书局印行民国二十四年七月版，第214—213页。
③ 金海：《从传统到现代：近代内蒙古地区文化史研究》，内蒙古人民出版社2009年版，第200页。

社会条件的薄弱性难以实现在边地开展高等教育。京师创办的三所蒙古族高等院校在一系列教育制度兴废中得以创立。

一 高等教育制度的颁布

1840年是中国近代社会的分水岭，"中西的关系是特别的。在鸦片战争以前，我们不肯给外国平等待遇；在以后，他们不肯给我们平等待遇"①。鸦片战争以后，中国开始了走向世界的艰难坎坷历程，先进与落后、文明与侵略、现代与传统交织在一起，正是在这样一个广阔的文化背景下，新式教育取代中国传统教育，开始了中国教育的近代化。鸦片战争时期的教育制度延续了清朝前期制度，官学制度单一化，国子监是学习儒家经典和程朱理学的最高中央官学，地方设立府学、州学、县学、卫学（统称儒学）和社学（设在乡镇的地方官学）、义学（为孤贫生童，或苗、黎、瑶等族子弟秀异者接受教育的机构）和井学（设在云南边境地区的学校），学校与科举相辅而行。

在经历了数千年来未有之变局后，革新与自强成为朝野上下的自觉意识，于是19世纪60—90年代，出现了持续30多年的洋务运动。洋务学堂的创办预示着中国教育近代化的启动，一批新式高等专科学校的开办使中国高等教育进入了新的历史发展时期。洋务派先后创办的30多所新式高等学堂中学校类型主要包括外国语学堂、军事学堂、军事技术学堂和民用技术学堂。通过新式学校教育培养了当时晚清社会急需的翻译、外交、海军、陆军、造船、航海、电报、矿务、商务等领域的各类实用人才。

维新运动时期和清末新政时期是中国教育近代化的第二个阶段，经历了洋务时期的器物层面的学习，这一时期我们对西方教育的学习

---

① 蒋廷黻：《中国近代史》，上海古籍出版社2004年版，第17页。

从洋务时期的教育内容和形式的模仿，深入到对教育制度的学习。1895年成立的天津中学堂头等学堂（北洋大学堂）培养了我国第一批本科生，1898年创立的京师大学堂开创了国家政府创办的综合大学的历史。1901年以后新式学堂的办理也随之从各自为政的分割管理逐渐转向政府统一管理。1904年颁布并实施了中国近代第一部学制——癸卯学制，规定了各级各类学校系统及其管理规则，"这个学制实施不久，全国官立高等学校就增至一百多所，而这些学校正是我国建立和发展现代高等教育的起点"①。少数民族高等教育的兴办也有了制度保障和发展的可能。以京师满蒙文高等学堂为开端的蒙古族高等教育也是在这一大背景下走上了历史舞台。

癸卯学制22件规定中的《学务纲要》《高等学堂章程》《大学堂章程》《优级师范学堂章程》《高等农工商实业学堂章程》《实业教员讲习所章程》《译学馆章程》《进士馆章程》《各学堂管理通则》《各学堂奖励章程》和《各学堂考试章程》11件规定涉及高等教育领域，属于清政府正式颁布并在全国实施的高等教育制度。按照当时规定，全国高等教育机构纵向分三级：3年制的高等学堂或大学预备科、3—4年的大学堂和5年制的通儒院；从横向看，与高等学堂或大学预科同级的有优级师范学堂、高等实业学堂、进士馆、译学馆、实业教员讲习所，从高等教育类型上看，当时不仅有普通高等教育，还有高等师范教育和高等职业教育。

其中高等学堂或大学预备科根据需要还分为三类。第一类为升入大学经学科、政法科、文学科、商科做准备；第二类为升入大学格致、工科、农科做准备；第三类为升入大学医科做准备。按照《大学堂章程》规定，经学科大学设周易、尚书、毛诗、春秋左传、春秋三

---

① 曲士培：《中国大学教育发展史》，北京大学出版社2006年版，第221页。

传、周礼、仪礼、礼记、论语、孟子、理学 11 门；政法科大学设政治、法律两门；文学科大学设中国史学、万国史学、中外地理学、中国文学、英国文学、法国文学、德国文学、俄国文学、日本国文学 9 门；医科大学设医学、药学两门；格致科大学设算学、星学、物理学、化学、动植物学、地质学 6 门；农科大学设农学、农艺化学、林学、兽医学 4 门；工科大学设土木工学、机器工学、造船学、造兵器学、电气工学、建筑学、应用化学、火药学、采矿及冶金学 9 门；商科大学设银行保险学、贸易及贩运学、关税学 3 门。政法科及医科的医学门修业 4 年外，其余学制均为 3 年。

二 科举制度的废止

清朝面向蒙古子弟的科举考试始于顺治年间，"顺治八年（1651），有令满洲、蒙古子弟，或译汉文，或作清字文章，考取秀才、举人、进士之例……顺治九年，开始开蒙古科会试……雍正年间开考蒙文翻译科后，一些八旗蒙古人继续学习蒙古语，中举登廷，任国家之重任"[1]。作为文官选拔制度的科举制对蒙古族子弟的激励作用是不可低估的，从社会需求的角度看，在考试的激励作用下不仅传承了文化，还能培养一批社会所需的特殊人才。从个体发展的角度看，科举考试也是蒙古文人进入清朝政坛的重要渠道，通过个人的努力也可以实现寒门出贵子，改变一生的仕途。

三十多年的洋务教育虽然办了三十余所高等专科教育机构，在人才培养方面开创了新格局，但甲午战败说明了我们培养的经世致用的人才始终未能改变中国的命运。发愤图强之际改变人才选拔机制，引起了有识之士的关注，关于科举制度改革的想法早有动向。1901 年 3

---

[1] 宏伟：《清代八旗蒙古文人研究》，内蒙古人民出版社 2014 年版，第 11 页。

月，时任两广总督陶模就已奏请变通科举，后又有相关考试内容增设经济特科的改革以及考试形式取消八股文的规定。

到了1903年，社会关注的热点已转为如何尽快用学堂取代科举考试，并最终废除科举制度的问题。张之洞、袁世凯等上书疾呼废科举，要求确定废科举的最后期限，根据《递减科举注重学堂折》的规定，从1906年科举考试开始"每科分减中额三分之一"，按此推断，科举考试会在此后的10年内陆续递减考中人数，最后完全过渡到通过学堂来实现培养人才和选拔人才的双重功能。迫于形势变革，1905年9月2日，清廷上谕"自丙午科为始，所有乡会试一律停止，各省岁科考试，亦即停止"[1]。严复曾称"此事乃吾国数千年中莫大之举动，言其重要，直无异古者之废封建、开阡陌"[2]。

科举制度的废除在当时时代条件下的确有如袁世凯所言"科举不废，新学不兴"的对立矛盾的一面。从汉朝开启的人才培养和人才选拔为主轴的教育机制到近代中国特殊社会环境中未能相辅相成，反而形成了相互掣肘的对立面。科举的存在对于新式学堂的发展形成明显的阻隔，随着科举制度的废止，才真正意义上推动了新式学堂的快速发展（见表3-1），此潮流中，民族高等教育也得以创办。

如表3-1所示，3所大学堂即京师大学堂、北洋大学堂、山西大学堂是在科举废止前已经设立之外，科举废止后高等学堂和专门学堂数量在短短的三年间增设了三十余所，相当于洋务三十年间新式高等专科教育机构的总数。

---

[1] 孙培青、杜成宪：《中国教育史》，华东师范大学出版社2008年版，第351页。
[2] 田正平主编：《中国教育史研究·近代分卷》，华东师范大学出版社2009年版，第72页。

表3-1　　　　　　1907—1909年全国高等教育机构简表

年份	大学堂数	大学堂学生数	高等学堂、专门学堂数	高等学堂、专门学堂学生数
1907	3	516	76	13601
1908	3	643	88	18059
1909	3	749	108	19899

注：学部总务司编：《光绪三十三年份第一次教育统计图表》《光绪三十四年份第二次教育统计图表》《宣统元年份第三次教育统计图表》有关数据综合统计。

资料来源：陈学恂《中国教育史研究·近代分卷》，华东师范大学出版社2009年版，第140页。

除此之外，废止科举制度后建立的高等教育机构还包括近代公学和存古学堂。"西周以学堂经费，半由商民所捐，半由官助者为公学"①，具有大学专科性质，属于中国高等教育历史上的创举之一。这一时期最具代表性的公学有1905年成立的复旦公学和1906年成立的中国公学。存古学堂的成立是出于保存国粹，培养初级师范学堂、中学堂中传授经学、国文、中国历史等传统学问的师资而特别设立的高等教育机构，最为典型的是张之洞在1907年在武昌经心书院原址奏设的存古学堂。显然在科举制度废止后高等教育机构数量明显增加，其发展速度极为快速，不仅学堂数量骤增，学堂类型也趋于多样化。在高等教育的多样化发展中，代表清末蒙古族高等教育的京师满蒙文高等学堂、贵胄学堂和殖边学堂也分别在1908年和1909年陆续成立。

三　学部的建立

中国古代中央教育管理机构从北齐的国子寺到隋朝的国子监，一

---

① 董宝良：《中国近现代高等教育史》，华中科技大学出版社2007年版，第36页。

直到清末新政时期的学部改制。国子监历来统辖中央官学，科举制时代礼部侧重负责国家典礼、接待外宾与管理科举考试相关的教育事务。清朝的国子监既是中央最高学府也是管理全国教育事务的最高行政机构，兼具双重职能。

英国传教士李提摩太曾三次建议清政府设立学部以推广新式教育，维新派代表们也曾先后提出设立学部的不同方案，但都未实现。1898年成立的京师大学堂作为监管全国新式学堂的最高行政机构，其管理大臣既是京师大学堂的校长，也是管理全国新式学堂的最高教育行政长官。随着新式学堂数量的增加，管学大臣也无暇顾及更多的教育事务，加强和完善学务管理迫在眉睫。

科举制的废止对以考务管理为核心的教育行政管理提出了挑战，新式学堂数量的骤增，对礼部和国子监分管全国各类教育行政事务的做法也提出了挑战。实质上礼部教育管理的职能已经被削弱，其单独设立与否也曾引起学政的讨论。《中国教育史》记载，1905年10月12日，山西学政宝熙奏请设立学部，并建议将礼部、国子监裁撤归并学部。于1905年12月6日清政府颁令："设立学部，荣庆著调补学部尚书，学部左侍郎著熙瑛补授，翰林院编修严修著以三品京堂候补署理学部右侍郎。国子监即古之成均，本系大学，所有该监事务著即归并学部。"[1] 学部成立，合并了国子监，"学部在管理新式学堂之外，还部分取代了礼部与翰林院等旧机构的职能"[2]，意味着以科举考试为中心的教育管理职能的突破，以考务、学务、教务、财务为一体的新的教育管理职能的确立。

清末新政时期11部分别是外务部、吏部、民政部、度支部、礼

---

[1] 《著即设立学部谕旨》，光绪三十一年十一月初十 (1905年12月6日)，北京大学、中国第一历史档案馆《京师大学堂档案选编》，北京大学出版社2001年版，第292页。

[2] 关晓红：《晚清学部研究》，广东教育出版社2000年版，第2页。

部、兵部、刑部、农工商部、理藩部、学部和邮传部,学部位列中央11部之一。学部按照新章,对各级各类学堂及留学毕业生履行管理职能。根据学部组织系统图(见图3-1),主管高等教育行政事务的有专门司,优级师范学堂则由普通教育司的师范教育科管理,高等实业学堂由实业司管理。

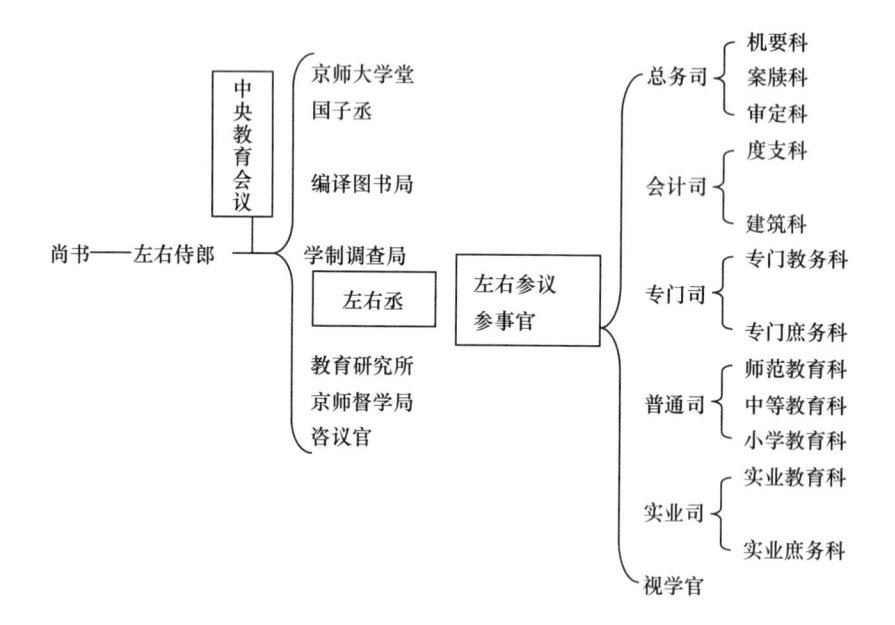

图3-1 学部组织系统图①

"京师的八旗学务处是隶属于管学大臣的一个负责旗人新学事务的机构,学部成立后,拟将八旗学务处归入京师督学局"②。由于1906年京师督学局的管辖范围中,把八旗各学堂事务也纳入其中,自

---

① 《第一次中国教育年鉴·第一册·甲编·教育综述》,台北传记文学出版社1971年影印初版,第56页。

② 关晓红:《晚清学部研究》,广东教育出版社2000年版,第121页。

然就裁撤了八旗学务处，此后三年中有人建议重设八旗学务处。为了表示对八旗教育事务的重视，也为了强调满蒙贵族的特权，1909年学部重新设立了八旗事务管理机构——八旗学务处。"宣统元年（1909）九月二十二日，学部奏设八旗学务处，派阿联为总理，恩华（光绪二十九年三甲进士，蒙古镶红旗人，光绪三十三年任案牍科员外郎，宣统三年任学部总务司郎中）为协理，管理八旗各中小学堂一切事宜。"①

从八旗学务处的管辖范围看，此时的民族高等教育权限还是归属于学部一级的专门司负责，也就是说八旗学务处主要负责八旗中小学堂事宜，毕竟此时八旗还没有设立少数民族高等教育机构，京师满蒙文高等学堂、贵胄法政学堂和殖边学堂均设立在京师，种种迹象表明八旗学务处还没有能力和条件创办和管理自己的高等教育事务，可见办理高等教育远比办理基础教育要难很多。

第二节 京师满蒙文高等学堂的预科建制

1908年3月成立的满蒙文高等学堂主要招收中学堂毕业的八旗子弟或精通满蒙文的举、贡、生、监以及有志于学习满蒙文的中学堂毕业的汉民子弟，属于官费学堂。其办学目的除了培养满蒙文高层次人才之外，主要还是满足晚清社会政治稳定，以此加强对边疆地区的统治。满蒙文高等学堂1912年6月与殖边学堂合并，改称筹边高等专门学校，1914年停办。

---

① 蒙古学百科全书编辑委员会：《蒙古学百科全书·教育》，内蒙古人民出版社2009年版，第288页。

一 蒙古族高等教育预科制度的开端

清末高等教育机构主要包括大学堂、高等学堂和高等实业学堂。按照高等教育层次，大学堂属于本科教育阶段，高等实业学堂属于专科教育阶段，高等学堂相当于大学预科教育阶段。"凡称某省高等学堂，并无事业或工农商业等字样者，其学科程度，完全等于三年制之大学预科，其入学资格，限于中学毕业生，其修业年限为三年，其毕业奖励，系给予举人出身，并给实官。"① 大学预科通常是为了弥补中等教育基础的不足而设置的对特殊地域或民族群体青年设立的高等教育阶段和中等教育阶段的衔接环节，一般设立在大学，因此也是高等教育的特殊组成部分。

"满蒙文高等学堂是清末新政中满蒙文化、汉族文化、西洋文化综合作用的产物，是蒙古民族第一所具有现代意义的高等院校"②，也是中国近代少数民族高等教育的开端。"1908年3月23日（光绪三十四年二月二十一日），满蒙文高等学堂正式举行开学典礼，学堂设于京师西城丰盛胡同东口路北。"③ 在学业层次上，满蒙文高等学堂属于大学预科阶段，其毕业生主要为未来进入文史类分科大学作准备，这一点可以从其课程体系中可见一斑（见表3-2）。

如表3-2所示，满蒙文高等学堂正科课程设置中没有大学预备科第二类和第三类的物理、化学、地质、矿物、动物、植物和拉丁文等课程。也就是说其课程设置与大学预备科第二类、三类的衔接度不高，

---

① 《前清学部立案之各省高等学堂》，《申报》1931年7月31日第3版。
② 陈巴特尔：《守望·自觉·比较——少数民族及原住民教育研究》，中央民族大学出版社2009年版，第131页。
③ 李林：《谋新与端本——清末满蒙文高等学堂考论》，《民族教育研究》2015年第6期。

表 3-2　癸卯学制大学预备科和满蒙文高等学堂课程设置比较

		1	2	3	4	5	6	7	8	9	10	11
癸卯学制	大学预备科 一类	人伦道德	经学大意	中国文学	外语	体操	历史	地理	辨学	法学	理财学	
	二类	人伦道德	经学大意	中国文学	外语	体操	算学	物理	化学	地质	矿物	图画
	三类	人伦道德	经学大意	中国文学	外语	体操	拉丁文	算学	物理	化学	动物	植物
满蒙文高等学堂	满蒙文正科	人伦道德	满蒙文	蒙语	中文、东文俄文（随意科）	体操	满蒙近史	满蒙地理	测量学、统计学、实测	大清律例、行政法、宪法、刑法、国际法、殖民政策	财政学、理财政策	用器画法、制图法
	藏文正科	人伦道德	藏文	藏语	中文、英文（随意科）	体操	藏卫近史	藏卫地理	测量学、统计学、实测	大清律例、行政法、宪法、刑法、国际法、殖民政策	财政学、理财政策	用器画法、制图法

资料来源：舒新城《中国近代教育史资料》（中册），北京人民教育出版社 1981 年版，第 561—569、506—508 页；舒新城《中国近代教育史资料》（下册），北京人民教育出版社 1981 年版，第 823—825 页。

却与升入大学经学科、政法科、文学科、商科的第一类课程设置的相似度最高。由于大学预科教育层次，满蒙文高等学堂的学科建制还不属于分门别类的专业学科水平，也仅仅属于从普通教育向专业教育的过渡阶段，严格意义上不能称其为大学学科建制。

满蒙文高等学堂原定预科两年毕业后进入正科学习三年，但从其创办的1908年到合并成为筹边高等学校的1912年，第一届正科生也不能正常完成额定年限规定的学习任务。满蒙文高等学堂"宣统二年正月预科毕业升入本科应扣至民国二年二月始满三年期限"[①]，所以从其毕业生情况看，满蒙文高等学堂的确只办理了大学预科，未能实现大学本科教学。即便是第一届预科毕业生完成了三年正科学习任务，也只能是为进入分科大学做了准备。因此，不论从当时学堂学业程度的规定，还是从办学现实角度分析，满蒙文高等学堂在学业层次上仅仅完成了大学预科教育阶段。

通常而言，大学预科相当于是中学与大学之间的一种特定的教育阶段，"它既是中等教育的一种延伸，又是进入大学本科前的一种过渡期教育"[②]。由于中国高等教育发展的萌芽早、演进晚的特征，大学预科制度早在魏晋南北朝时期就有文献记载，"三国时曹魏于公元224年在太学中建立五经课试法，其中由'门人'升'弟子'的制度具有大学预科的性质"[③]。据考证，魏文帝黄初五年，立太学于洛阳，按照五经课试法，初入学者叫"门人"，经过两年学习之后，考试能通一经者，才称为"弟子"，成为正式的太学生。考试不及格者，革

---

① 《教育部批筹边高等学校毕业生等》，《政府公报》（第342期）1913年4月14日第5版。
② 何修文、张训涛：《首届"中国大学预科教育研讨会"综述》，《暨南大学华文学院学报》2004年第4期。
③ 刘海峰：《传统文化与中国古代高等教育的特点》，《机械工业高教研究》1994年第4期。

除学籍。所以说，头两年等于是大学预科阶段。此后，每两年考试一次，直到能通五经为止。这说明，魏国的太学分成预科和本科两个阶段。①

西方中世纪大学的文学院实际上也具有大学预科的性质。"到14、15世纪，欧洲以巴黎大学为模式的大学中，文学部主要为学生进入医学、法学和神学学部提供基础或预备教育。课程内容一般包括'七艺'和亚里士多德的哲学等。"②虽然我国大学预科教育在起源上早于西方一千多年，但在制度上晚于西方。"18世纪，西方资本主义国家把预科列入高等教育学制。为了培养工业革命需要的技术人才，一些著名的大学设立预科教育，为青年上大学提供了良好的机会。"③

相较于西方，我国到了清末新政时期，大学预科教育才正式列入学制体系中，癸卯学制图中可以看到明确标注的"大学预备科"，与高等学堂、高等实业学堂并列排列，并且明确规定大学预备科毕业后方可进入分科大学。高等教育的发展固然离不开普通教育基础，由于中国古代教育体系原本就没有独立的中等教育阶段，癸卯学制颁布后只能同步发展中等教育和高等教育。正是在高等教育与中等教育没有良好衔接的特定历史条件下，大学预科教育便成为不可或缺的过渡环节。作为蒙古族高等教育的发轫——京师满蒙文高等学堂同样不可能跨越大学预科阶段直接办理本科教育，更何况近代第一所国家办理综合大学——京师大学堂本科教育层次的分科大学也到了1910年才办理完成。所以，京师满蒙文高等学堂的大学预科层次既是情理之中的事情，也是历史发展的必然结果。

---

① 毛礼锐、沈灌群：《中国教育通史》（第二卷），山东教育出版社1986年版，第264页。
② 黄福涛：《外国高等教育史》，上海教育出版社2003年版，第98页。
③ 欧以克：《民族高等教育学概论》，民族出版社2005年版，第234页。

二 满蒙文学科地位的认定

《大学堂章程》规定，大学设立的八大学科门类分别是经学科、政法科、文学科、格致科、农科、工科、商科和医学科，八科下设46个学门中没有少数民族语言的学门。文学科下设"中外地理"学门下，可以找到"中国方言"的补助课，其后面专门注明了满、蒙、藏、回选习其一的字样。① 按照现有的理解，"'科'相当于我们现在的学科门类，科下设'门'相当于我们现在所称的一、二级学科和专业"②。由此推断，癸卯学制中"满蒙文"只是作为一门选修课程，而不是作为一门学科而出现，它既不是学科门类，也不属于一、二级学科，只是一门中国方言之一，并且还是补助课的形式存在于大学章程中。

1907年，学部向朝廷呈递了京师大学堂文学科大学增设"满蒙文"学门的奏折："拟请文学科大学增设满蒙文学一门，列于中国文学之前。"③ "1907年（光绪三十三年）大学堂奏增设满蒙文学门片，奉旨'依议。钦此'"，④ 务使满蒙文字源流以及山川疆域风俗土宜讲习愈精。奏折中明确提出务必使满蒙文源流，以及山川疆域、风俗习惯深入讲习探讨，不要有遗漏。北京近代高等教育大事记中也记载："1907年6月16日，学部奏准在京师大学堂增设满蒙文学一门。同日，学部奏请在京师设立满蒙文高等学堂，清政府派都察院副督御史伊克坦为监督，负责拟定建校招生、聘请教员、审查科目等一切详细章程。"⑤

---

① 斯日古楞：《中国近代国立大学学科建制与发展研究（1895—1937）》，中国社会科学出版社2016年版，第47页。
② 纪宝成：《中国大学学科专业设置研究》，中国人民大学出版社2006年版，第5页。
③ 《学部奏筹设满蒙文高等学堂折》，《东方杂志》1907年第四卷第9期。
④ 王学珍等：《北京大学纪事：1898—1997》，北京大学出版社1998年版，第18页。
⑤ 吴慧龄、李壑：《北京高等教育史料·第一集·近现代部分》，北京师范学院出版社1992年版，第350页。

从满蒙文学门的开设事实看，此时的"满蒙文"从一门课程提升为独立的学科，意味着获得了独立学科地位。从学部同日发出的奏请来看，不得不说1908年成立的满蒙文高等学堂与"满蒙文"学科的认定有着直接的关联，因为学科地位的获得，使得"满蒙文"学科命名的高等学堂的成立变得顺理成章，甚至可以说满蒙文高等学堂的成立从实践层面上实现了满蒙文学科的建设，并进一步夯实了"满蒙文"独立学科地位。

1908年的《满蒙文高等学堂章程》第二章明确提出"本堂于设满蒙文科之外，并附设藏文科，两科学生一律同习各种科学，以备行政任使"[①]。作为少数民族高等教育史中具有里程碑意义的章程规定，满蒙文高等学堂的学科设置主要包括满蒙文和藏文两个学科，并且在两个学科下都包括预科和正科两个层级，同时附设别科。预科两年毕业，正科三年毕业，别科三年毕业。正如前面分析的满蒙文高等学堂的教育层次属于大学预科，那么，为何还在预科中重设预科呢？这也正说明在新设立的新式民族高等教育的开端，其招生自然没有达到规定要求的中学堂毕业生因此再学习两年预科教育的基础课程，弥补正规的大学预科教育衔接上的不足。章程中还规定别科招收考取举、贡、生、监及35岁以下娴熟满文或蒙文的职官80名，并明文规定只招一次，毕业后就停办。总之，根据独立学科地位的确立，满蒙文高等学堂章程明确了满蒙文和藏文两个学科的独立性。

至于为何没有独立设置满文和蒙文学科的问题，应从这两个语言的渊源关系上加以解释。传统蒙文是在回鹘文字母基础上形成的，也称回鹘式蒙古文，而满文是在此基础上创造并改进的文字，均自左向

[①] 《学部咨宪政编查馆准满蒙文高等学堂咨送章程文（附章程）》，光绪三十四年（1908），舒新城《中国近代教育史资料》（下册），人民教育出版社1981年版，第822页。

右竖写，外形上也很相似，并两种语言同属于阿尔泰语系。从渊源上分析，没有独立设置蒙文科和满文科，而是放在一起设立为一科也是情有可原。

1644年清军入关，顺治皇帝迁都北京，清朝取代明朝成为中国最后一个大一统封建王朝。鸦片战争后，民族危难之际，道光皇帝1843年谕八旗子弟端本要注重学习骑射和清语："八旗根本，骑射为先，清语尤其本业。至兼习汉文，亦取其文义清通，便于翻译。"[1] 清帝担忧于驻防子弟在内的八旗子弟攀慕虚名，轻视武备，对满语的学习态度轻慢到甚至都不能通晓的程度。（1907）"十一月十三日，准军机处钞票、交翰林院吴士鉴奏请饬学部于学堂特设国语满文一折"[2]，提出满文宜为专门之学，请求学部可否在京师八旗各高等学堂和各省驻防学堂，特设国语满文为专科。经历了半个世纪的磨难，到了清朝末年的新政时期借着新式学堂的兴办，专设满蒙文高等学堂，不仅仅是培养满族贵族和蒙藏贵族高级专门人才，通过人才的培养也想传承自己的民族语言，进而培育其民族情感的迫切需求也溢于言表。

三　满蒙文高等学堂学科设置的特点

"一个学科要在大学里获得建制，要生存发展，就必须诉诸于行政性的学科设置，只有经过学科设置，一个学科才可能在大学里获得人员编制、资金资助等学科发展的必要条件"[3]。癸卯学制规定的高等

---

[1] 《清帝谕八旗子弟注重学习骑射、清语》，道光二十三年（1843），舒新城《中国近代教育史资料》（下册），人民教育出版社1981年版，第819页。

[2] 《学部：奏议复八旗及驻防学堂特设满文专科折》，光绪三十三年（1907），潘懋元、刘海峰《中国近代教育史资料汇编·高等教育》，上海教育出版社2007年版，第111页。

[3] 王建华：《论学科主要、课程与专业建设的相关性》，《学位与研究生教育》2004年第1期。

学堂属于大学预科水平，因此均没有达到分科大学学科分类水准。根据"满蒙文"学科地位的认定，京师满蒙文高等学堂的学科分为满蒙文学科和藏文学科。

（一）学科设置的跨文化性不凸显

民族教育中"跨文化性主要表现为学习、掌握和利用主体民族的文化"[①]。也就是说，我们要认定民族教育中的跨文化性特点，就要从其学科设置中是否有体现主体民族文化特色的课程体系来加以考量。然而，满蒙文高等学堂的学科设置名为满蒙文学科，其下设课程体系中真正表现满族文化特色和蒙古族文化特色的科目并不突出，导致满蒙文学科的文化特点并不凸显。

首先，满蒙文高等学堂的3年制正科课程设置与当时的中学堂课程几乎相同（见表3-3）。

如表3-3所示，满蒙文高等学堂的满蒙文学科中，能够凸显跨文化性特点的课程主要是满蒙文、满蒙近史和满蒙地理，其余课程基本上与中学堂课程一一对应，只是科目的具体表述上有所差异而已。如道德课有修身和人伦的差异，中文、外语、算学、法制和财经的课程表述有概括和具体化的差异。相较于满蒙文高等学堂正科课程，中学堂课程中还多出了理化和博物两门。

《满蒙文高等学堂章程》明确规定"本堂分别以满蒙语文或藏语藏文为主课，辅以普通及法政、测绘各科学，以养成明体达用之才"[②]，但课程总数上并没有看出满蒙文和藏文的主课地位，只能在

[①] 滕星、王军：《20世纪中国少数民族与教育：理论、政策与实践》，民族出版社2001年版，第380页。

[②] 《学部咨宪政编查馆准满蒙文高等学堂咨送章程义（附章程）》，光绪三十四年（1908），舒新城《中国近代教育史资料》（下册），人民教育出版社1981年版，第822页。

表3-3 中学堂和满蒙文高等学堂课程设置比较

		1	2	3	4	5	6	7	8	9	10	11	12
癸卯学制	中学堂	修身	读经讲经	中国文学	外国语	体操	历史	地理	算学	法制及财经	理化	图画	博物
满蒙文高等学堂	满蒙文正科	人伦道德	满蒙文	蒙语	中文、东文俄文（随意科）	体操	满蒙近史	满蒙地理	测量学、统计学、实测	大清律例、行政法、宪法、刑法、国际法、殖民政策	财政学、理财政策	用器画法、制图法	
	藏文正科	人伦道德	藏文	藏语	中文、英文（随意科）	体操	藏卫近史	藏卫地理	测量学、统计学、实测	大清律例、行政法、宪法、刑法、国际法、殖民政策	财政学、理财政策	用器画法、制图法	

资料来源：舒新城《中国近代教育史资料》（中册），北京人民教育出版社1981年版，第561—569，506—508页；舒新城《中国近代教育史资料》（下册），北京人民教育出版社1981年版，第823—825页。

具体课时中看到其主课地位的分量而已。根据《满蒙文高等学堂章程》规定，满蒙文和藏文正科，每年每周总课程 36 个钟点，其中满蒙文 10 个钟点，蒙语 7—8 个钟点，占每周课时的一半，藏文 10 个钟点，藏语 7—8 个钟点，同样占每周课时的一半。

其次，满蒙文学科的课程体系中虽然涵盖了满蒙文、蒙语、满蒙历史、地理，也很难支撑一个独立学科应有的分支和源流。根据1910 年《政治官报》中学部奏核定京师满蒙文高等学堂课程折记载，"现在该学堂开办已届满两年所设预科各班将次毕业"①。核定的课程名单中满蒙文高等科，第一学年主课为满文、蒙文、蒙语和中国文学，周课时分别是 6、4、7、4 课时；第二、第三学年中，蒙语从周 7 课时降到 6 课时，其余未变；第一年分别加设满蒙历史和满蒙地理，均为周 3 课时。与《满蒙文高等学堂章程》规定相比较，蒙语课时减少 1 课时，中国文学增加了 1 课时。作为一门独立学科的民族语言学，至少也要包括语言、文字之外的语法、词汇、语义、翻译等分类体系或至少开设一些相关课程，否则难以支撑一个一级或二级学科体系。显而易见，1907 年提出的满蒙文学门的增设规定很难在一所新建的高等教育机构中得到实现。

最后，满蒙文学科中对满文学习的重视程度略逊色于蒙文学习的重视度。《谋新与端本——清末满蒙文高等学堂考论》一文中，作者曾以该学堂学生朱格一的回忆为线索，引出学堂当时的满文和蒙文教学内容范围，从一个侧面反映出学生对满文的重视程度不高，不只是蒙汉各民族子弟，就连满族贵胄子弟也不见得对学习、掌握和运用满族语言文字有更为端正的学习态度。"至于该学堂尤其重视的满蒙文

---

① 《学部奏核定京师满蒙文高等学堂暨中学堂课程折》（并单），《政治官报》宣统二年四月十四日第九百一十九号，折奏类第 4 页。

教育，朱格一亦称，满文教习克敬之其实只教了自编讲义以及《满汉合璧圣谕广训》。究其原因，彼时各衙署除八旗都统和值年旗等之外，只有理藩院有用满文之处，其余已视若'具文'。不过满文关系到'国语''国书'，所以不得不研习，但与蒙文蒙语相比，则应用已少。蒙文教员主要教公文程式，并讲解内外蒙及库伦、乌里雅苏台形势。蒙语教员除教蒙古话外，也把内外蒙语言口音不同之点，与内外蒙风俗人情详细讲述。"① 可见，满文教习擅长于国教，教人们基本的德行和道德，不涉及民族文化的精神层面，蒙文教习反而结合时事政治谈论政策，蒙语教习也会结合语言文字阐述风土人情等民族精神文化层面的内容。满蒙文的表述中虽然满文在前，但在文化领域中满族文化特色并不突出。

（二）学科设置的实用性明显，政法学科初见端倪

满蒙文高等学堂正科课程与癸卯学制中大学预科一类课程基本相同，为预备科升入分科大学的经学科、政法科、文学科及商科作准备。从满蒙文和藏文学科归属看，毕业生继续学习大学文学科的倾向明显。《满蒙文高等学堂章程》的毕业奖励中也有这一提法"嗣后遇有各衙门需用通晓此项学科人员，及各学堂延聘此项学科教员，均以本学堂毕业生为上选；愿升入大学堂文学科者听"②。然而从其法律、理财、测量统计等课程的加设看，满蒙文高等学堂毕业生对应分科大学的选择倾向似乎与政法科学科门类更为接近，这里以政法科的政治门和法律门详细课程规定（见表3-4）为例加以阐述。

---

① 李林：《谋新与端本——清末满蒙文高等学堂考论》，《民族教育研究》2015年第6期。
② 舒新城：《中国近代教育史资料》（下册），人民教育出版社1961年版，第827页。

表 3-4　　　　　《奏定大学堂章程》中政法科细目

分科大学	科	门	科目
政法科大学	政法	政治	主课：政治总义、大清会典要义、中国古今历代法制考、东西各国法制比较、全国人民财用学、国家财政学、各国理财史、各国理财学术史、全国土地民物统计学、各国行政机关学、警察监狱学、教育学、交涉学、各国近世外交史、各国海陆军政史； 补助课：各国政治史，法律原理学，各国宪法、民法、商法、刑法，各国刑法总论
		法律	主课：法律原理学、大清律例要义、中国历代刑律考、中国古今历代法制考、东西各国法制比较、各国宪法、各国民法及民事诉讼法、各国刑法及刑事诉讼法、各国商法、交涉法、泰西各国法； 补助课：各国行政机关学、全国人民财用学、国家财政学

资料来源：据《奏定大学堂章程（附通儒院章程）》，光绪二十九年十一月二十六日（1904年1月13日），璩鑫奎、唐良炎《中国近代教育史资料汇编·学制演变》，上海教育出版社2007年版，第349—389页整理。

满蒙文高等学堂满蒙文正科和藏文正科的第二、第三年增设的大清律例、行政法、宪法、刑法、国际法、殖民政策、财政学、理财政策等课程与大学堂章程政法科的政治门下设的科目多有重合。《奏定高等学堂章程》也规定："各类预备学科之程度，总以学生毕业后足入分科大学领解各学科之理法为准"[1]，"高等学堂虽未按大学预科分科，但为与大学堂各科考试对口，分成政艺两科：政科为预备考入政治、文学、商务三科而设，艺科为预备考入格致、农业、工艺、医术四科而设"[2]。

由此可以推断，满蒙文高等学堂的毕业生是为将来进入大学堂政

---

[1] 璩鑫奎、唐良炎：《中国近代教育史资料汇编·学制演变》，上海教育出版社2007年版，第345页。

[2] 董宝良：《中国近现代高等教育史》，华中科技大学出版社2007年版，第55页。

法科作准备的，可以认定满蒙文高等学堂宗旨中虽然强调"满蒙文通才"，实则为分科大学的政法科培养合格人才为目的，更长远的培养目标还是法政人才。从清末新政时期新旧制度更迭的时局看，法政科比文学科更具有经世致用的价值，尤其在满足社会急需人才方面法政人才往往是首选，也是学子们实现"学而优则仕"人生目标的捷径所在。

四 满蒙文高等学堂学科人员编制

《满蒙文高等学堂章程》中有关学科的规定是少数民族高等教育机构最早的学科制度萌芽。学科制度是学科内部一系列的规范和标准，具体包括学术人员职业行为、人才培养制度、学科考核评价制度等。由于早期学科制度规定较为粗略，没有详细规定学术人员职业行为和人才培养制度，只有学生考核规则在内的学科考核评价规定。如该章程第四、五、六部分分别是退学及除名、考试及毕业奖励和学生规则，对于罚款额度、除名条件、考试方法、给予文凭、考试奖励等有具体明确规范的表述。因此，只能将《满蒙文高等学堂章程》认定为少数民族高等教育学科制度的萌芽，而不是学科制度的确立标准，其具体内容更多还是学科建制强调的学科的组织机构、人员编制等物质层面的内容。

关于学科的组织机构，章程明确规定分成满蒙文和藏文两科的教学单位。"专职教师的出现是大学中的学科逐步组织化的基础"[1]，当时满蒙文高等学堂的学科教员具体包括满蒙语文教员，藏语藏文教员，各种科学教员，俄文、英文、东文教员等，而且各学科教学人员

---

[1] 冯向东：《张力下的动态平衡：大学中的学科发展机制》，《现代大学教育》2002年第2期。

采用的还是校长聘任制。虽然在章程中明确提出藏文科教员，实际情况却是没有此教员。根据李林在《民族教育研究》2015年第6期发表的"谋新与端本——清末满蒙文高等学堂考论"师资汇总表，学堂创办后师资配备表中只有满文教员2名，蒙文、蒙语教员各一名，分别是满文教员克敬之和岐养舟，蒙文教员清忠，蒙语教员罗卜藏全丹，经学、国文、史地、算学、体操、图画、法律教员各一人，却没有藏文、藏语教员的记载。

藏文学科的设置要比满蒙文学科要晚，到了1909年"现经本学堂聘得通晓藏文藏语教习编辑讲义，亟宜开设藏文中学一班，以为将来毕业升入藏文高等预备"①。满蒙文高等学堂最先办理了满蒙文科，藏文科还是从中学堂开始办理，直到满蒙文高等学堂与殖边学堂合并为止，还没开办过高等教育层次的藏文科。

据统计，1908年满蒙文高等学堂教员人数20人、职员人数9人，1909年统计为教员人数21人、职员人数28人②，教员和职员数量均有增加，这也符合一所开办初期高等学堂正常发展的趋势。从教员人数变动不大的情况来看，想必不是临阵聘请教员，而是满蒙文高等学堂从一开始就按照章程规定的各学科教员来配备师资。

关于学生管理，章程第十一章规定，学堂学生分预科、正科及别科，概不收取学费及膳费，采用免费制度，并且招生人数正科120人，别科80人。据文献记载，"1908年满蒙文高等学堂学生人数302，岁入银数37297，岁出银数31430，资产银数41596，学生每名

---

① 《行满蒙文高等学堂所拟藏文中学堂章程尚属可行惟宜酌加地理等功课钟点文》，《学部官报》宣统元年十月十八日第一百〇九期。
② 《京师高等以上各学堂统计总表》，光绪三十四年（1908）、京师高等以上各学堂统计总表，宣统元年（1909），潘懋元、刘海峰《中国近代教育史资料汇编·高等教育》，上海教育出版社2007年版，第348—349页。

占银99.105。1909年统计为学生人数240，岁入银数40306，岁出银数44085，资产银数50450，学生每名占银169.937"①。从两个年度生均经费情况看，每人99银到170银的增幅足以说明学堂对待学生的待遇是优厚的，两年度招生人数均远远超出章程规定的招收预定人数。

第二年学生人数的骤降与时局变革有一定的关联，1909年9月"日本为扩展在东北的路、矿利权，借口延吉地区分界及归属未定，逼迫清朝政府签订了《图们江中韩界务条款》和《东三省交涉五案条款》，中国面临又一次边疆危机。1909年11月，满蒙文高等学堂各学生接到家书，均系催其退学速归，以便保卫地方"②。关于毕业生，章程规定培养满蒙文通才，"嗣后遇有各衙门需用通晓此项学科人员，及各学堂延聘此项学科教员，均以本学堂毕业生为上选"③。事实上，直到1912年中华民国成立为止，满蒙文高等学堂按照正常的5年学制，没有一届正式的正科毕业生，也就无从谈起毕业生的职业抱负和远大理想了。

关于学科管理人员编制，章程规定监督由学部奏派，其他学科管理人员包括教务长、庶务长、文案官、收支官、杂务官、斋务长、监学官、检察官。满蒙文高等学堂的监督即当今的校长，第一任是学部奏派的伊克坦，"字仲平，瓜尔佳氏，满洲正白旗人，光绪十二年进士，以翰林院编修、都察院副都御史"④。根据李林的"谋新与端

---

① 《京师高等以上各学堂统计总表》，宣统元年（1909），潘懋元、刘海峰《中国近代教育史资料汇编·高等教育》，上海教育出版社2007年版，第349页。
② 杨思机：《清末民初北京"殖边学堂"及其影响》，《民族研究》2017年第1期。
③ 《学部咨宪政编查馆准满蒙文高等学堂咨送章程文（附章程）》，光绪三十四年（1908），舒新城《中国近代教育史资料》（下册），人民教育出版社1981年版，第827页。
④ 蒙古学百科全书编辑委员会：《蒙古学百科全书·教育》，内蒙古人民出版社2009年版，第277页。

本——清末满蒙文高等学堂考论"中师资汇总表,教务长奎秀、庶务长徐致喜、斋务长长鳞、总务长中兴。

第三节　殖边学堂的实科建制

殖边学堂创办于1909年正月,归属宗人府理藩部。"1909年4月7日,殖边学堂举行开学典礼,"[1] 校址设在京师宣武门内辟才胡同。1912年5月,殖边学堂与京师满蒙文高等学堂合并,改称筹边高等专门学校,"审其设学之主旨课程之组织核与专门学校之性质"[2],1914年6月饬令停办,7月在校学生归并于北京法政专门学校。

一　蒙古族高等职业教育的开端

清末学部立案的各省高等实业学堂一览表中,殖边学堂列在第一位。理藩部代奏蒙藩王公等创建殖边学堂折中也提出"授以农工商各实业大意,使知蒙藏有极大利源,应从速相机规划。"[3] 清末实业教育分为初等、中等和高等三个层次,民国初期壬子癸丑学制中三级改为两极,并以甲种和乙种实业学校命名,到了美国单轨制为蓝本的壬戌学制中没有实业教育的称谓,取而代之的是职业科的名称。清末实业学堂和民初实业学校的称谓可以对应当今的职业教育领域。

学术界对于近代实业教育和职业教育的表述有不同见解,"实业教育和职业教育的关系如何,是一个还没定论,尚待进一步探究的问

---

[1] 杨思机:《清末民初北京"殖边学堂"及其影响》,《民族研究》2017年第1期。
[2] 《教育部批筹边高等学校毕业生等》,《政府公报》(第342号) 1913年4月14日第5版。
[3] 《理藩部代奏蒙藩王公等创建殖边学堂折》,宣统元年正月初九日(1909年1月30日),朱有瓛《中国近代学制史料·第一辑》,华东师范大学出版社1983年版,第835页。

题。历史上对此有两种观点。一种认为实业教育就是职业教育，两者没有本质区别，持此观点最为典型的是中国第一部大百科全书'教育卷'的立论；一种认为两者有异有同"①。后一种观点中学者们从教育内容、范围、层次、实用性等多维度上分析了二者的异同，有的是坚持异大于同，有的却论证了同大于异，但从源与流的关系上，实业教育的确为职业教育的发展打下了基础，从而后期发展的职业教育取代了实业教育的同时，拓展了实业教育的范围和内容。所以，晚清社会的实业教育还是能反映那个时代职业教育的总况，为社会培养了各级各类应用性技术人才。

从学制的横向类型看，殖边学堂属于高等职业教育，而不是普通高等教育类型。学部规定："凡高等实业学堂及高等农工商业学堂，其学科均系专门性质，其入学资格，限于中学毕业生，其修业年限，除高等农业学堂之农科为四年外，均为三年，其毕业奖励，系给予举人出身，并给实官。"② 从学制的纵向层次看，殖边学堂相当于大学专科教育层次，而不是大学本科层次。

正可谓开创之举总要经历一番周折，作为蒙古族高等职业教育的开端——殖边学堂的办学经历是费尽周折的。从开办初衷看，殖边学堂是想弥补满蒙文高等学堂人才培养周期长、不能及时满足当时边疆所需实用人才的弊端。《理藩部代奏蒙潘王公等创建殖边学堂折》中提出："满蒙文高等学堂本科修业年限五年，学生成就稍迟，似应设一专校，以较短之时日养成多数之人才……窃取殖民筹边之意，名曰殖边学堂。"③ 参与殖边学堂筹办的蒙潘王公有"御前大臣喀尔喀札萨克和硕亲王那彦图、科尔沁辅国公博迪苏、札萨克和硕博多勒噶亲

---

① 吴洪成等：《中国近代职业教育制度史研究》，知识产权出版社2012年版，第75页。
② 《前清学部立案之各省高等学堂》，《申报》1931年7月31日第3版。
③ 《理藩部代奏蒙潘王公等创建殖边学堂折》，《北京教育杂志丛刊》1992年第3—4期。

王阿穆尔灵圭、奈曼扎萨克多罗达尔汉郡王苏珠克图巴图尔、科尔沁多罗贝勒阿勒坦鄂齐尔、喀喇沁都多罗贝勒默凌阿、土默特固山贝子棍布扎布、科尔沁辅国公达赉、喀尔喀公衔头等台吉旗纳武等"①。

办学经费的筹措更为艰辛困苦。杨思机《清末民初北京"殖边学堂"及其影响》一文中对其经费事宜做了系统的梳理，其中就提到殖边学堂属于王公集资、官方资助性质，名誉上归属理藩部，但理藩部对其经费问题不曾支持过。殖边学堂挂了个官办的名分，却没有中央官府资助，有点类似于公学性质。其中察哈尔都统认助开办经费银四百两，库伦办事大臣认助开办经费银五百两，山西巡抚认助开办经费银两千两，直隶总督认筹常年经费银两千两，东三省总督认筹常年经费两千两，四川总督认筹常年经费一千两。办学经费由多方援助，不仅办学经费筹措难，后续办学过程中经费问题始终还是困扰着殖边学堂的办学规模和生死存亡的根本性问题。

二　殖边学堂学科设置的特点

（一）学科设置的职业性不凸显

根据清末《高等实业学堂章程》规定，高等实业学堂分农业、工业、商业、商船4类，相当于高等学堂（大学预科）程度。农业学堂设农学、森林、兽医3科。工业学堂设应用化学、染色、机织、建筑、窑业、机器、电器、电气化学、土木、矿业、造船、漆工、图稿绘画13科。商船学堂设航海、机轮2科。农业学堂和商业学堂皆设本科和预科。预科1年毕业，本科除农业学堂的农学科4年外，余均3年毕业。工业学堂和商船学堂只设本科，前者3年毕业，后者5年

---

① 《理藩部代奏蒙潘王公等创建殖边学堂折》，《政治官报》光绪三十三年正月二十日第四百六十号，第7页。

至5年半毕业。

归属于高等实业学堂统计中的殖边学堂本该对应具体的职业领域，但从民国初年与满蒙文高等学堂合并到1914年未毕业的学生归为北京法政专门学校来看，殖边学堂的学科设置的确没有具体指向工、农、商等社会分工的职业领域的一方面或几个方面，主要还是以培养边疆所需法律政治人才为导向。这一点与满蒙文高等学堂尤为相似，只是学业层次上满蒙文高等学堂还是大学预科阶段，殖边学堂是大学专科阶段。

应该说殖边学堂徒有职业教育之名，却无职业教育之实，培养的人才仍是做官从政的一批有助于边疆稳定的人才。"宣统三年十二月毕业生经学部核定照法政别科给奖。"[1] 从当时的别科奖励章程看，"考列最优等和优等者，内以八品录事、二等书记官分部补用，外以直州判分省补用，最优等并加升衔。考列中等者，内以九品录事、三等书记官分部补用，外以道库大使按司狱、县主簿分省补用。考列下等者，给以修业年满凭照，听自营业"[2]。学堂生员们的主要出路还在于入仕从政。

（二）学科设置的速成性明显，关注法政学科

由于殖边学堂没有特定的学堂章程，也只能笼统地从招生记录中了解其学科设置中有蒙部和藏卫两科，每科拟招年龄在18—32岁身体强健，汉文清顺，能满文、蒙文尤为出色的100名青年，学制3年。史料记载，其实际招生人数超出预定人数几倍，"报载录取藏卫科209名，前十名为王昌基、谭邦翰、钱祝仁、李庆芬、黄大道、王

---

[1]《清末学部立案各省高等实业学堂一览表》，潘懋元、刘海峰《中国近代教育史资料汇编·高等教育》，上海教育出版社2007年版，第202页。
[2]《学部：奏续拟法政学堂别科及讲习科毕业奖励章程折（附清单）》，光绪三十四年八月初十（1908年9月5日），潘懋元、刘海峰《中国近代教育史资料汇编·高等教育》，上海教育出版社2007年版，第153页。

承田、林庆晖、陈卓、唐金柱、林霭；蒙部科221名，前十名为吴翔、陈祥麟、曾光华、唐保、刘维章、郑兰馨、张篯祖、傅琦、汪汝霖、谢春熙"①。

当时创建殖边学堂时已明确说明了其速成性特点，"应设一专校，以较短之时日，养成多数之人才，庶足以应急需而敷分布"②。从其毕业生奖励规定中说明的"宣统三年十二月毕业生经学部核定照法政别科给奖"的事实来判断，殖边学堂的确高度压缩了高级专门人才培养的学制年限。相较于5年才能培养出进入大学本科阶段的满蒙文高等学堂，殖边学堂1911年年末的毕业生按照法政科待遇对待，只用两年时间培养出边疆所需高级人才，充分证明其办学意图中所说的速成特色。

"那彦图等另辟途径，创立殖边学堂，招收内地学生教授蒙藏语言等学科，希望速成培养边疆新政人员及蒙古文师资"③。其具体的学科设置、课程安排并无翔实的文本资源可查阅。按照开学时各岗位教职员的记载中依稀了解一些。"为了节省开支，殖边学堂职员以范源濂为核心，大多义务帮忙"④，有庶务长魏梯云、教务长范静生、会计长刘伯绅，蒙古文教习札松山、藏文教习潘高两喇嘛、历史教习陈宝泉、地理教习于孟博、法律教习于幼卿、理财学教习李宝钟、法政教习姚重光、算学教习陈溪舟、体操教习赵俊臣。

从当时开学典礼参加的老师名单看，普通学科有算学、蒙古文、藏文、历史、地理、体育，专业学科主要就是法律、理财、法政三科。理财一词可以对应当今的经济，中国近代语境中翻译国外学科

---

① 杨思机：《清末民初北京"殖边学堂"及其影响》，《民族研究》2017年第1期。
② 《理藩部代奏蒙藩王公等创建殖边学堂折》，宣统元年正月初九（1909年1月30日），朱有瓛《中国近代学制史料·第一辑》，华东师范大学出版社1983年版，第835页。
③ 杨思机：《清末民初北京"殖边学堂"及其影响》，《民族研究》2017年第1期。
④ 杨思机：《清末民初北京"殖边学堂"及其影响》，《民族研究》2017年第1期。

时多采用日本的翻译名词，因此在经济学、逻辑学、社会学等名词术语曾采用过理财学、名学或辩学、群学等词语。如此看来，作为专科教育的殖边学堂当时对法律、政治、经济较为重视，主要还是倾向于法律学科培养人才。从《第一次中国教育年鉴·丙编·教育概况》中民国初年公立法政专门学校一览表中，就把殖边学堂和满蒙文高等学堂合并而成的筹边高等学校列入其中，足以认定殖边学堂的学科门类属于法政学科，而不是满蒙文科，也不是农、工、商的职业教育学科。

第四节　贵胄法政学堂的法科建制

贵胄法政学堂创办于1909年年底，"本学堂于宣统元年十一月二十三日考试，旗籍各生计共取四十三名，一律定于宣统二年二月初一日入学肄业"①，1910年春正式开学，归属宗人府理藩部。"煤渣胡同贵胄法政学堂将于十一月开办，计聘教员十五人，报考者现已截止，共计七百余员，并有蒙古王公子弟教员由理藩部送考"②，以造就贵胄法政通才为宗旨。宗人府本是管理皇家宗室事务的机构，随着清朝的灭亡，其管辖的贵胄法政学堂也随之停办。北京近代高等教育大事记有专门记载，1912年5月12日，"原有贵胄法政学堂及贵胄陆军学堂立即废止，两处学生分别并入到新设立的法政学堂及陆军学堂"③。贵胄法政学堂从创办到停办不足三年，成为清末三所蒙古族高等院校中办学时间最短的一所学府。

---

① 叶志茹：《清末筹办贵胄法政学堂史料选载》，《历史档案》1987年第4期。
② 《记贵胄法政学堂》，《教育杂志》1909年第12期。
③ 吴慧龄、李壑：《北京高等教育史料·第一集·近现代部分》，北京师范学院出版社1992年版，第356页。

一　蒙古族高等教育法政学科建制的确立

专设法律学堂的问题早在1905年就由实任法律大臣伍廷芳呈报过奏折，"为交涉日繁，拟请专设法律学堂，以广造就而资任使"①。此时癸卯学制已经颁布实施，大学堂也明确规定开设政法科，然而大学堂分科大学只招收大学预备科或高等学堂毕业生。当时正值新式学堂开办初期，社会急需的法律政治方面的高级人才仅依靠大学堂培养还需一定的时间周期。因此，独立设立法律学堂也属于当务之急，毕竟新的规章制度的修订都离不开法律专门人才。要求先在京师设立法律学堂，考取各部下属人员入学，课程参照大学堂奏定政治专科法律学门所列科目设置，毕业后派往地方推行新政辅佐地方治理。

最终，学部准许办理独立的法律学堂，还请伍廷芳等按照仕学馆办法详细拟定章程。《修律大臣订定法律学堂章程》规定："本学堂以造已仕人员、研精中外法律、各具政治知识、足资应用为宗旨，以养成裁判人才，期收速效。"② 从招生和功利性角度看，法政学堂不同于同时期大学堂、高等学堂和高等实业学堂，它不以中学堂毕业者为招生对象，而是以入仕人员为对象，不以系统地培养高级人才为目的，而是以速成培养应用人才为目的。

清末高等教育机构有独立设置的大学堂、高等学堂、优级师范学堂和高等实业学堂。根据当时规定，起初法政学科作为独立的学科门类设在大学堂中，分科大学的八大学科门类中就有独立的政法科，后由于社会急需一批实行新政、预备立宪的法律政治人才而单独设立了

---

① 叶志茹：《清末筹办贵胄法政学堂史料选载》，《历史档案》1987年第4期。
② 《修律大臣订定法律学堂章程》，光绪三十一年（1905），潘懋元、刘海峰《中国近代教育史资料汇编·高等教育》，上海教育出版社2007年版，第129页。

法政学堂。"学部于是通行各省一律添设法政学堂，到宣统二年（1910）又奏准私人设立。自此以后，法政学堂遍布于全国，完全与大学堂脱离而独立了。"[1] 至此清末法政学堂独立于大学堂、高等学堂和高等实业学堂，成为独立设置的高等教育机构之一。

贵胄法政学堂最早由内阁学士宗室宝熙 1907 年秋奏请设立，"原奏所称，拟仿日本学习院之意，凡宗室、蒙古王公、满汉世爵及其子弟曾习汉文者，皆令入学。闲散宗室觉罗及满汉二品以上大员子弟，亦准考取肄业"[2]。1909 年 4 月拟定《贵胄法政学堂章程》，学堂主要招收 18—30 岁间宗室王公世爵、蒙古王公世爵、满汉世爵及其子弟，造就贵胄法政通才。

贵胄法政学堂具体分正科和简易科两类，正科学制四年，简易科学制两年，均打下普通基础后学习法律政治专科，另设一年半的听讲员一班，招收 30 岁以上从政的贵胄子弟以及满汉四品以上官员。学堂总人数预设 180 名，分三班，正科两班，简易科一班，每班规模控制在 60 人以内。优等以上的毕业生将派往东西洋各国游历，考试中等以上的毕业生均发给文凭，并根据学部规定给予奖励。

清政府委派贝勒毓朗为贵胄法政学堂总理，农工商部左侍郎熙彦、翰林院学士锡钧为监督，培植宗室、外藩、王公、满汉世爵子弟，储备政法人才有益于治本，先将宝禅寺街广善寺为办公场所，预定开办经费银两万五千两。[3]

---

[1] 陈青之：《中国教育史》（下册），福建教育出版社 2009 年版，第 650 页。
[2] 《宪政编查馆：奏遵设贵胄法政学堂拟订章程折》（并单），宣统元年闰二月十八日（1909 年 4 月 8 日），潘懋元、刘海峰《中国近代教育史资料汇编·高等教育》，上海教育出版社 2007 年版，第 175 页。
[3] 《总理贵胄法政学堂贝勒毓朗等：奏设立贵胄法政学堂暂行借地开办，请拨给经费折》，宣统元年四月初三（1909 年 5 月 21 日），潘懋元、刘海峰《中国近代教育史资料汇编·高等教育》，上海教育出版社 2007 年版，第 180 页。

贝勒毓朗在1909年年末续拟了贵胄法政学堂章程，对于强制招生问题进行了明细说明和详细规定：

> 宗室王以下奉恩将军以上及其子弟年在十五岁以上三十岁以下应由宗人府查明除现有差缺或已入其他官立各学堂外必应一律造册咨送入学；蒙古汗王以下至四等台吉塔布囊年在十八岁以上三十岁以下汉文通顺愿入学者应由理藩部造册咨送入学，均无庸考试。①

对于上述招生对象的强制性还表现在不按要求入学者罚停俸禄或停止袭封为代价。对于18—30岁间的满汉世爵及其子弟由陆军部各旗造册咨送并听候考试入学，对于18—30岁间的闲散宗室觉罗与满汉蒙古二品以上大员之子弟自行报名听候定期考试入学。最终该学堂的招生人数增至300名，正科两班、简易科、预备科、听讲班各一班，每班人数预定60名。

二 贵胄法政学堂学科设置的特点

由于当时招生具有一定的强制性条件，开办后的贵胄法政学堂所收学员的学识能力层次很不齐，"现在学堂开办，报名日多，惟定章，宗室王公子弟入学，意在强迫教育，非由考取，资格不齐"②。1909年11月，贝勒毓朗奏请变通课程，将正科改为五年学制。

---

① 《总理贵胄法政学堂贝勒毓朗等奏续拟贵胄法政学堂章程并预算常年经费折》，《政治官报》宣统元年十一月二十一日第七百八十六号，第6页。
② 《总理贵胄法政学堂朗贝勒等．奏酌拟变通课程》，宣统元年九月二十九日（1909年11月11日），潘懋元、刘海峰《中国近代教育史资料汇编·高等教育》，上海教育出版社2007年版，第181页。

最早拟定的章程规定，分四年的正科和两年的简易科两类，附设一年半的听讲班。半年后续拟定的章程中增设了两年的预备科之外，学制年限和具体科目方面也进行了多处调整，将原定的39条规定增设到46条。① 最终贵胄法政学堂分设正科、简易科、预备科和听讲班四类，其中正科从原来的4年改为5年制，普通基础阶段延长至2年，法政专科保持3年学制不变，听讲班从一年半延长至3年制，具体包括普通基础1年，法政专科2年。

（一）政法学科门类中政治学不凸显

正科普通课程与《奏定高等学堂章程》中预科一类10门课程相似，伦理、国文、经学、外国文、历史、地理、体操相同，多开设了算学、理化、论理学，而没开设辩学、理财学和法学通论。其中的后两门课程作为法政科正科课程在随后的三年学制中呈现出来了。三年正科的法政科的课程设置见下表3-5。

如表所示，法政科正科三年课程中贯穿三年的共同的课程有伦理、刑法、民法、体操等基础课程。国朝掌故、本国刑律、商法、宪法、国际公法、国际私法、行政法、理财学、财政学均学习两年，仅开设一年的课程有法学通论、政治学、政治史、中国法制史、外国法制史、外交史、监狱学、统计学、民事诉讼法和刑事诉讼法。

参照《奏定大学堂章程》政法科下设政治门主课②，贵胄法政学堂开设的国朝掌故、理财学、财政学、政治学、政治史、外交史、监狱学、统计学等课程属于政治门的范畴。具体到每学年的课程、课时

---

① 《总理贵胄法政学堂贝勒毓朗等奏续拟贵胄法政学堂章程并预算常年经费折》，《政治官报》宣统元年十一月二十一日第七百八十六号，第5页。
② 《奏定大学堂章程》政法科下设政治门主课有政治总义、大清会典要义、中国古今历代法制考、东西各国法制比较、全国人民财用学、国家财政学、各国理财史、各国理财学术史、全国土地民物统计学、各国行政机关学、警察监狱学、教育学、交涉学、各国近世外交史、各国海陆军政史。

第三章 清末蒙古族高等院校学科建制雏形 / 81

表3-5 贵胄法政学堂法政科（正科）课程表

第一年课程	伦理	国朝掌故	本国刑律	法学通论	宪法	政治学	政治史	行政法	刑法	民法	理财学	财政学	体操
周课时（钟点）	1	2	2	4	3	2	2	3	2	3	3	3	2
第二年课程	伦理	国朝掌故	本国刑律	商法	宪法	国际公法	国际私法	行政法	刑法	民法	理财学	财政学	体操
周课时（钟点）	1	2	2	3	3	3	2	3	3	4	2	2	2
第三年课程	伦理	中国法制史	外国法制史	商法	外交史	国际公法	国际私法	监狱学	刑法	民法	统计学	刑事诉讼法	体操	民事诉讼法
周课时（钟点）	1	2	2	3	2	3	2	2	2	3	3	2	2	2

资料来源：《总理贵胄法政学堂贝勒毓朗等奏续拟贵胄法政学堂章程并预算常年经费折》，《政治官报》宣统元年十一月二十一日第七百八十六号，第7页。

占比，第一学年政治学科门类的课程在总开设的 13 门课程中占 4 门，周课时占 32 课时中的 10 课时，平均不到课程数量和课时数的 1/3；第二学年总开设的 13 课程年中仅占 2 门，周课时占 32 课时的 4 课时，总体占比骤降；第三学年总开设的 14 门课程中占有 3 门，周课时占 32 课时的 8 课时，所占比例也仅有四分之一。不论课程门类数量还是每周课时总数中的所占比，总体而言法学占据绝对优势，政治学略显苍白。由此推断，贵胄法政学堂的学科设置更倾向于法律学科。

按照当今政治学一级学科所属的二级学科和三级学科的归类看，当时的政治学还不能称为独立学科体系，不仅其理论学科欠缺，制度学科远没有规模，行政学和国际政治学等重要课程均缺乏。贵胄法政学堂当时开设的政治学和政治史可以算是政治学的理论基础，国朝掌故属于中国政治制度，理财学和财政学勉强归属于政治学二级学科的行政学，外交史属于国际政治学，监狱学和统计学归属于大学堂章程政治门的主课中。

（二）法律学科分量重，并且看重部门法

在贵胄法政学堂正科三年的课程中，法律学科所占比重最大，其具体科目中包括法学通论、宪法、刑法、民法、商法、行政法、本国刑律、中国法制史、外国法制史、国际公法、国际私法、民事诉讼法和刑事诉讼法等。中西法律的结合中充分体现了伍廷芳当时所言："为学之道，贵具本原，各国法律之得失，既当研厥精微、互相比较。"[①]

法律学在我国也有悠久的历史传统，古代三国时期就已设立了律学。"曹魏在教育制度上的新发展是律学的创办。227 年尚书卫觊上

---

① 叶志茹：《清末筹办贵胄法政学堂史料选载》，《历史档案》1987 年第 4 期。

书刚即位的明帝,认为'百里长吏,皆宜知律'。请求置律博士,转相教授各官吏法律诉讼之学。依其所请,于廷尉属下设律博士,这是我国律学设置的开端。"[1] 律学是指根据儒学原则对以律为主的成文法进行讲习、注释的法学,它不仅从文字上、逻辑上对律文进行阐释,也阐述某些法理。在正式成立专科教育之前,早在两汉时期的于定国、杜延年、郭躬、陈宠等人就已世代传习法令,收徒教法。尤其是东汉经学大师马融、郑玄等都曾对汉律作章句注解。晋代张斐和杜预等也曾对晋律作注释,并对立法原理和法律适用问题有所说明。东晋以后,私人注释逐渐由官方注释所取代,唐代的《唐律疏议》是这种官方注释的范本。唐宋时期科举考试专设明法科,主要考法律知识。

上述贵胄法政学堂的课程名称可以与当今的法律学科的三级学科对应,以中国国家标准化管理委员会编写的2016年版《中华人民共和国国家标准学科分类与代码》为范本,法学一级学科下设二级学科,包括理论法学、法律史学、部门法学和国际法学四类。[2] 宪法、刑法、民法、商法、行政法、民事诉讼法和刑事诉讼法都属于部门法学的三级学科;本国刑律、中国法制史、外国法制史属于法律史学的三级学科;国际公法和国际私法属于国际法学的三级学科。因此,三年正科的课程体系中已初见法学学科体系,相对而言部门法学所占的比重更大,理论法学极为欠缺,这也是符合当时注重应用的学科倾向,学理层面的理论学科基础极为欠佳。

晚清社会学科思想原本是西方文化教育影响的产物,对国人而言,大学学科分类本是不熟悉的领地,贵胄法政学堂的法律学科的设置顺应了这一时期高等教育机构学科发展的共同趋势。天津头等学堂

---

[1] 孙培青、杜成宪:《中国教育史》,华东师范大学出版社2008年版,第130页。
[2] 中国国家标准化管理委员会:《中华人民共和国国家标准学科分类与代码》,中国标准出版社2016年版,第77—78页。

1899年培养出中国近代第一批大学本科毕业生,"中国第一张大学文凭(钦字第一号)的获得者,即是毕业于该校法科法律学专业的近代著名法学家、曾任中华民国第一任外交总长的王宠惠"①。在中国近代大学学科建制方面最早设置的学科就是法科。从学科门类看,法科属于应用学科,应用学科注重知识的实用价值。不难推测当时晚清社会急需的是内政外交上熟悉国际公法的法律人才,清廷尤其需要满蒙贵胄法政通才,作为高级专门人才培养的专门机构——高等院校必然要为满足社会所需人才而设置学科、课程体系,贵胄法政学堂的学科建制从某种意义上正是满足社会所需少数民族法政专门人才而创立和构建。

三 贵胄法政学堂学科制度的雏形

就学科建设而言,学科建制更多的是满足了机构、人员、物质方面的硬性条件,学科制度满足的是规训、考评、规范等精神层面的软性条件。学科建制与学科制度同为学科的刚性、软性条件,在学科发展中互为表里。高等教育机构学科发展的起始阶段,需要通过学科建制来奠基学科发展的组织基础,然后通过学科制度来规范学科发展的治理基础。

1909年4月拟定的《贵胄法政学堂章程》,在半年时间里从初拟到续拟,章节条目改动较大,并与同时期高等教育章程有很大改进,尤其对学科设置之外的学科考评、学科规训、学科基金来源等做出了详细规定,成为少数民族高等教育学科制度的雏形。

(一)法律学堂章程奠基的学科规条

"所谓章程,是指各个组织规定其内部事务(如性质、宗旨、任

---

① 金以林:《近代中国大学研究:1895—1949》,中央文献出版社2000年版,第12页。

务、组织结构、成员条件等)的规范性文件。"① 章程是制度行为的总规范,以文本形式对重大的、基本的事项做出全面规定所形成的规范性文件。清末全国颁布实施的高等教育领域章程主要有《奏定大学堂章程》《奏定高等学堂章程》《奏定进士馆章程》《奏定译学馆章程》《奏定高等农工商实业学堂章程》《奏定优级师范学堂章程》等各级各类高等教育机构章程。各级各类学校章程在构成内容上大体相当,基本涵盖立学总义、学科程度(主要介绍学科分类、学年规定、课程安排)、入学考录、毕业奖励、教员管理员、学生规则等几项内容,少则五章,多则九章不等。

相较于上述章程,法律学堂章程的规定异常详细,反映出法律学科的周全、严谨、精当的特色。1905年《修律大臣订定法律学堂章程》分十五章,分别包括设学总义、学科程度、职务规条、学堂考试、寄宿舍规条、全堂规条、讲堂规条、操场规条、会食堂规条、礼仪规条、放假规条、学堂禁令、接待外客规条、经费规条、稽查出入规条等。"规条"一词第一次出现在法律学堂章程中,并且对学科管理人员和学科教学人员的职务规定条约做了极为详细的表述。

职务规则条约中除了职务总目和职务通则外,包括教务提调规条12节、斋务提调规条9节、庶务提调规条5节、教员规条13节、文案官规条8节、会计官规条11节、杂物官规条13节、监学官规条7节、检查官规条9节、班长规条5节。其中"教务提调主审量教法、修饬学规、稽查教员勤惰、考验学员优劣"②,主要负责学科设置、课程表、督促教员编辑教科书、考试奖励、教员管理等事宜;"各教员

---

① 米俊魁:《大学章程与高等教育法等概念辨析》,《教育与现代化》2007年第3期。
② 《修律大臣订定法律学堂章程》,光绪三十一年(1905),潘懋元、刘海峰《中国近代教育史资料汇编·高等教育》,上海教育出版社2007年版,第132页。

分任学科，按程讲授，有实施教育之责"①，具体包括每学期开学前完成学期授业预定书（教学日历）和学期末完成授业报告书，编纂讲义，评记学生功课，按时考试、阅卷和提交分数，履行请假制度等。

（二）《贵胄法政学堂章程》体现的学科制度结构

"学科制度，是规范特定学科科学研究的行为准则体系和支撑学科发展和完善的基础结构体系，我们把前者称之为学科制度精神，后者称之为学科制度结构。"②前者表现在智慧活动的人文理想、科学活动的精神气质和普遍原则指导下的操作细则中，后者主要包括职业的研究者、学科培养计划、学科奖惩制度和学科基金来源等。

1909年4月拟定的《贵胄法政学堂章程》分九章，分别是总纲、课程、资格及限制、学额、入学、考试及奖励、学员名额（管理员和教员）、学员职任、听讲员九章三十九条。1909年11月21日《续拟贵胄法政学堂章程》规定七章四十六条，分别是总纲、课程、考试及奖励、停封及袭封、职任、学规和附则七章。由于晚清高等教育机构还不具备研究职能，其章程也不会规定特定学科科学研究的行为准则。因此，相关章程中自然也没有学科制度精神，只是在学科制度结构中交代有关学科培养计划、学科奖惩制度和学科基金来源。

《续拟贵胄法政学堂章程》详细规定了不同学科层次的简易科、正科、预备科和讲听班修业年限、课程设置、学年安排、周课时安排。这些规定自然达不到当今大学教育本、硕、博等规范的培养计划，也算是当时条件下专科教育的基本教育计划。贵胄法政学堂起初的章程规定到半年后的修订章程，均有翔实的人才培养计划，以此认为贵胄法政学堂的学科培养制度初具规模。

---

① 《修律大臣订定法律学堂章程》，第132页。
② 方文：《社会心理学的演化：一种学科制度视角》，《中国社会科学》2001年第6期。

第三章　清末蒙古族高等院校学科建制雏形 / 87

在学科奖惩制度方面，重点规定了学生的考核奖惩事宜。章程中除专章规定考试和奖励事宜之外，尤其规定"停封和袭封"事宜。此类规定在其他高等教育机构章程中未曾出现，这也取决于贵胄法政学堂的特殊性，即一部分生源是强制免考入学者，并且有一定的社会地位和权力身份者。如"东三省总督锡良等咨称宾图郡王棍楚克苏隆粗通汉文情愿入贵胄法政学堂肄业除由东三省总督资送外恣请贵部查照备案施行等因前来相应抄录原文片行贵学堂查照可也"①，"据科尔沁扎撒克和硕达尔罕亲王那木济勒色楞呈报本旗和硕卓喱克图亲王色旺端鲁布请赴京入学今该亲王来部呈称业于十月十六日到京听候贵胄法政学堂定期到堂肄业"②。由此可见，以章程规定来约束其学习规范，与其官位、封爵、俸禄甚至延迟承继受封的爵位为代价来加强了学科规训。

　　第二十二条　宗室王以下、奉恩将军以上及其子弟，由宗人府查明应入学而不入学者，如已袭封，罚停半俸两年；未经袭封，停其袭封一年，案。

　　第二十三条　宗室王以下、奉恩将军以上及其子弟，入学后故犯规条以致开除学额及无故自行告退者，如已袭封，罚停半俸两年；未经袭封，停其袭封一年。如所犯情节较重，另行奏明请旨，均由本学堂会同宗人府具奏。其他项学员，均按照学部定章办理。

　　第二十四条　宗室王以下、奉恩将军以上及其子弟得有修业

---

① 《理藩部片行贵胄法政学堂宾图郡王棍楚克苏隆愿入学堂肄业文》，《政治官报》宣统元年九月二十日第七百三十五号，咨劄类，第18页。
② 《理藩部奏科尔沁亲王色旺端鲁布到京候期入贵胄法政学堂而呈之肄业折》，《政治官报》宣统元年十月二十九日第七百六十四号，折奏类，第19页。

文凭者，由本学堂咨行宗人府，查照应考封袭封者，即准照例考封袭封。

第二十五条 宗室王以下至奉恩将军之子弟，毕业考列正科中等以上及简易科优等以上应封人员，未经考封者，由本学堂会同宗人府具奏请旨，毋庸入考即准受封，所应得毕业奖励，仍照定章办理。①

综上所述，清末三所蒙古族高等教育机构均设在内地，而不在边疆，通过内地学生为主要生源培养边疆政治人才是这一时期蒙古族高等教育发展的实际情况。从其学科设置来分析，法政学科是其总体基调，凸显了学科设置的实用性特征。不论是预科层次的满蒙文高等学堂，还是归入实业教育的殖边学堂，或是直接命名为法政学科的贵胄法政学堂，其毕业生的归宿按照官方表述均是培养民族栋梁之材，但从个人意愿出发也许还是更多考虑了各自的政治仕途与理想抱负。

在科举制度废止的时代，若为改变个人命运进入仕途，除了留洋游学之外就是进入新式学堂求学。新式高等院校的学科设置虽有章程规定的八大门类，相较于理论学科也许应用学科更容易获得人们的青睐，同样在应用学科中法律、商业等学科门类相较于农、工、医学门类更符合人们的仕途追求。或者说法科是当时人们当官的首选学科，与其说法科的设置与社会急需法政人才有密切关联，不如说法科的设置与个人的仕途命运更有密切关联。

科举废止多年后，即便是推翻封建帝制的民国时期，人们似乎也是很热衷法律学科。正如冯友兰在《北大怀旧记》中所说："在那时

---

① 《总理贵胄法政学堂贝勒毓朗等奏续拟贵胄法政学堂章程并预算常年经费折》，《政治官报》宣统元年十一月二十一日第七百八十六号，第9页。

候,一般人以学校为变象的科举。上大学为的是得个入仕途的'出身','出身'以法科为宜,很少有人愿意入文科。"① 按照当今的理解,法科就是当时的热门学科门类,学子们热衷于当官入仕,必首选法科。通过"学而优则仕",求学者们可以将读书与入仕,个人政治抱负与国家民族大义甚至是把理想追求与功利诉求结合在一起,既是实现教育目的的社会价值,也在实现个人的价值追求。

---

① 冯友兰:《北大怀旧记》,吴相湘、刘绍唐《国立北京大学纪念刊第三册》(民国十八年三十一周年、民国三十七年五十周年纪念刊),台北传记文学出版社1971年影印版,第251页。

第四章　北洋政府时期蒙古族高等院校学科建制

中华民国成立后军阀割据的十五年为北洋政府时期，这一时期蒙古族高级专门人才的培养主要依靠筹边高等学校和蒙藏专门学校。前者由清末满蒙文高等学堂和殖边学堂合并而成，1914年停办。后者由蒙藏学校演变而成，1918—1927年办理了高等专科教育。特别值得一提的是蒙藏专门学校"实行的高校预备科、双语教学、定向招生分配、对民族学生特殊照顾等方法，在当时产生了积极的影响，对民族高等教育的发展起到承前启后的作用"①。

第一节　民国初期民族高等教育发展的时代背景

中华民国临时政府教育部于1912年1月3日成立，蔡元培先生担任教育总长，1月19日教育部颁布了改革封建教育的纲领性文件——《普通教育暂行办法》和《普通教育暂行课程标准》，对旧教育称谓、教材、课程、学科等进行了大的改动。同年3月5日教育部通令，速令高等学校、专门学校开学。

---

① 欧以克：《民族高等教育学概论》，民族出版社2005年版，第23—24页。

一 高等教育制度的调整

民国初期高等教育机构主要包括大学、专门学校和高等师范学校。大学包括预科、本科和研究生教育层次的大学院。1912年《大学令》明确规定了大学多学科文理综合的办学标准，奠定了中国近代大学学科制度的基础。大学"本科"一词在中国近代制度文本中最早出现于《大学令》，第九条规定："大学预科修业期满，试验及格，授以毕业证书，升入本科。"通常而言"预科为大学和学院培养新生的机构之一。或单独设立，或为大学和学院的组成部分"[①]。它属于大学教学层次，专指中学与大学之间的一种特定的教育阶段，大学"本科"相对于"预科"而言，特指"正科"，是获得相应的毕业证书或学位证书的大学全日制教学阶段。1912年《大学令》还明确规定大学以教授高深学术，养成硕学闳材，应国家需要为宗旨，大学学科门类分为文、理、法、商、医、农、工等七科。

清末创办的高等实业学堂在民国初期高等教育系统中改称为专门学校，1912年10月《专门学校令》规定，专门学校以教授高等学术，养成专门人才为宗旨，具体种类包括：法政、医学、药学、农业、工业、商业、美术、音乐、商船、外国语等学科专业门类，以满足社会对各类专门高级人才的需求。1912—1916年全国专门学校统计数据显示，法政专门学校总数分别是64、56、44、42、32所，工业专门学校总数分别是10、10、13、13、13、11所，其他专门学校数量没有超过10所，在学科比例上，法政科最多，工科排在第二位。原来的初级、优级师范学堂改称师范学校和高等师范学校。

1922年9月20日，北洋政府教育部抢先召开了"学制会议"，

---

① 《辞海》（教育学·心理学分册），上海辞书出版社1987年版，第21页。

最后通过了《学校系统改革案》，并于11月1日正式公布实施，即美国学制为蓝本的"壬戌学制"。关于对高等教育制度的调整，取消了大学预科，设置了选修制度，降低了大学的学科设置要求，规定"大学校设数科或一科均可，其单设一科者，称某科大学校"①，允许高等师范学校提高程度改为师范大学校。具体学制年限规定为大学4—6年，医科和法科大学至少5年，师范大学4年，专门学校学制3年以上；大学校及专门学校可附设专修科，修业年限不等，可设二年制师范专修科，附设于大学校教育科或师范大学校。

二 民族教育管理机构的分设

民国初期教育部官制中有普通教育司、专门教育司和社会教育司。由于裁撤了前清理藩部，普通教育司统一管理蒙、藏、回学务。可是事实上普通教育司下设主管蒙、藏、回学务的第五科，因"蒙藏回事务较简，毋须设立专科"为由，1913年11月被裁撤。②因此，少数民族教育主要由蒙藏事务局统辖，"1912年7月24日在国务院下专设蒙藏事务局，取代原先的理藩院全权处理边疆事务"③，后来蒙藏事务局改为直属于大总统府的蒙藏院。"蒙藏院是1914年5月在蒙藏事务局的基础上设立的，作为主管蒙藏地区事务的中央机构，对1914—1928年蒙古、西藏等边疆地区的治理产生过一定影响。"④

新文化运动时期教育改革基本上是在中央政府对全国教育大局失

---

① 《大总统公布学校系统令》，1922年11月1日，中国第二历史档案馆编《中华民国史档案资料汇编·第三辑·教育》，江苏古籍出版社1991年版，第105页。
② 王景：《论民国政府少数民族教育政策的演变及其重心的转移》，《学术探索》2015年第5期。
③ 朱慈恩：《蒙藏委员会与民国时期边疆教育》，《民族教育研究》2008年第5期。
④ 孙宏年：《蒙藏院与民国时期的西藏治理述论（1914—1928）》，《中国边疆史地研究》2008年第4期。

去控制的局面下进行的。众所周知,袁世凯之后的北洋军阀四分五裂,大小军阀混战之余根本无暇顾及教育。教育总长、次长人选十几年间更迭近40人次。仅1922年一年之内,教育总长、次长各换了7次。因此,北洋政府时期的教育改革从一开始,就具有自发性特征,少数民族高等教育事务自然也没有清末时期的明确指向性和全方位的指导性,总体上处于自主管理和自然发展的状态。

民国十年来,并无蒙藏教育之计划与名称。本年七月,中华教育改进社济南分会,教育学士吴绍程君,提出蒙回西藏教育议案,当经该会通过。于是全国教育界始有蒙藏教育之名称……经审查会议修改,成为六条:一、教育部设蒙藏教育委员会;二、西北沿边地区适宜之地,分设教育局;三、就相当省区,设蒙藏师范学校,筹备师资;四、对于蒙藏教育人员,规定最优奖励;五、由蒙藏责成各王公扎萨克令子弟就学,并定土公办学惩奖办法;六、教育部应筹特别经费,列入预算,兴办蒙藏教育,于昨二十九日二号三一会通过,全国教育界公认此案,为蒙藏教育实行之动机云。①

民国成立十年来虽有蒙藏教育管理机构却不曾出台过蒙藏教育计划,1922年7月中华教育改进社济南分会中讨论有关蒙藏教育事宜后全国教育界才认同了蒙藏教育的称谓。由于蒙藏院直属于大总统府,与各部委并列,蒙藏教育事务在1923年之前不归属教育部管辖。"北洋政府教育部蒙藏教育委员会成立于1923年1月"②,民国成立十年

---

① 《兴办蒙藏教育之动机》,《益世报》(天津)1922年10月5日第2版。
② 蒙古学百科全书编辑委员会:《蒙古学百科全书·教育》,内蒙古人民出版社2009年版,第425页。

后才把少数民族教育纳入教育部统一管辖范围内,开始进行整体规划和总体发展设想。

三 国家教育主权意识的复苏

"国家主义是一种民族主义的社会思潮,产生于欧洲。最早提倡国家主义的是18世纪末19世纪初德国唯心主义哲学家约翰·哥特利勃·费希特。他反对封建专制制度,主张资产阶级共和政体,对外宣扬民族至上精神"[①]。国家主义教育作为一种教育思潮,兴盛于20世纪20年代中叶,其思想渊源可以追溯到清末。然而它的产生及其演变是民国初期十年教育改革运动不断深入发展的结果。

国家主义教育主张,教育目的是对内要保持和谋求国家安定与进步,对外要抵抗侵略,国家对教育不应采取放任的态度,不仅对教会办在中国本土的教育权加以回收,也要对国内办理的各级各类教育系统加强统一指导和管理。针对新文化运动以后思想自由奔放的潮流,国家主义教育与当时的民族主义潮流相呼应,主张教育主权,抑制军阀独裁,维护国家独立与统一。

国家主义教育的复苏从一个侧面关注和加强了少数民族各级教育。从其根本上看,为何会在民国成立十年后才特别提倡和关注蒙藏教育呢?这与时局变革密切关联,"蒙藏向为多事之区,近以外蒙风云日急,政府对之似已稍加注意。拟兴办蒙藏教育,以为正本清源之际,兴办教育,最关重要。外蒙既乱,内蒙势必同入旋涡。一面以兵力锁定外蒙乱事,一面即兴办蒙藏教育,取未开化之民而授以正当之知识,庶使知五族一家之利,坚其团结之力,拒其外向之心,蒙藏日

---

① 吴洪成:《中国近代教育思潮新论》,知识产权出版社2016年版,第449页。

渐开明，自易引而内向，故蒙藏教育在今日已成刻不容缓之图"①。这段表述足以证明，国家统一受到威胁的关键时刻，兴办蒙藏教育的重要性就是开化民智，增强团结，培养边疆人才，维护国家独立，这也正是国家主义教育所提倡的根本所在。

民国成立后的十五年是军阀割据的时代，虽然北洋政府作为统一国家民族的代表，但人心所向并不团结，不论从全国统一的良好意愿，还是从各民族团结的夙愿出发，民族国家观念、团结统一意识都是必要的也是必需的，而这些都要依靠兴办教育开发民智。在1922年7月通过的蒙回藏教育议案中已经明确提出，蒙藏教育的兴办不仅实现各民族人民的平等，也是要实现教育普及，通过要兴办教育来实现民族国家统一，从而抵御英、日、俄等国对蒙藏地区采取的一些教育政策，希望北洋政府应该兴教育来实现国家主权。

第二节　筹边高等学校学科建制

《第一次中国教育年鉴》在民国初年公立法政专门学校一览表中单列了"北平筹边高等学校"，并在其备注中专门标注了"前清理藩部之殖边学堂和学部之满蒙文高等学堂改办"。根据教育部批第281号文牍，筹边高等学校于1912年5月正式成立，并由满蒙文高等学堂和殖边学堂合并而成。② 根据《政府公报》1914年7月3日第775号：教育部饬第四十三号（中华民国二年六月二十二日）"饬遵事查北京筹边高等学校业经停办"的报道，1914年6月26日教育总长汤

---

① 《教育部拟兴办蒙藏教育。教育当局尚有暇及此乎》，《申报》1923年4月27日第2版。
② 《教育部批：第二百八十一号（中华民国二年四月）．原呈人筹边高等学校毕业生等：筹边高等学校毕业生呈请变通中央学会互选资格》，《广东教育公报》1913年第9期第1卷，文牍类，第365页。

化龙印章，饬令筹边高等学校停办，停办的根本原因是"民国三年度预算未列该校经费，教育部饬令停办，其未毕业学生则转送北京法政学校，特设筹边一科，仍照从前功课继续讲授，办至毕业止"①。筹边高等学校从1912年5月创办至1914年6月停办，虽然仅有短暂的两年办学经历，但仍在民国初期无政府状态下的少数民族高等教育发展中占有一席之地，培养了一批边疆急需建设人才。

一　特殊的法政专门学校

筹边高等学校的特殊性，表现在对其高等专门学校性质的认定问题上。根据筹边高等学校的毕业生争取中央学会选举权而展开的风波，一度该校被认定为不符合高等专门学校的条件，否定其毕业生的选举权。中央学会曾提出的高等专门学校的标准有三条。

> 高等专门学校而论照参议院解释案，高等以程度言，专门以性质言，三年毕业以年限言。此三条件必须具备，缺一不可。高等之标准以中学毕业或有中学毕业程度始准入学为衡，而有中学毕业程度句之解释当然以曾经修毕中学应修科目或曾经此项科目之试验考试及格者为准，专门之解释则以所授科目专属一类为断，至三年以上毕业句之限制文义显然毋庸解释。以上三条件皆指学校或学校之一科或一班而言。②

按照中央学会此项规定，教育部批第281号文牍认定，合并而成

---

① 《纪闻（二）中央纪事：筹边高等学校之停办》，《教育周报》（杭州）1914年第49期。
② 《文牍：教育部批第三百八十一号：原具呈人筹边高等学校毕业生等》，《江西学报》1913年第17期。

的筹边高等学校的满蒙文一班未按规定三年时间完成正科学业,特殊需要为由缩短修业年限,正科两年就提前毕业,没能达到"专门"的规定条件。同样该校殖边学堂一班学生未按照中学堂毕业或有中学毕业程度为限制条件来招生,同样达不到中央学会规定的"高等"条件,从而否定其毕业生的选举权。对筹边高等学校两班学生的互选资格的否定,意味着变相地否定其"高等专门学校"的性质,教育部也只能认为"筹边学校为一种特殊学校"①。

由于中央学会对高等专门学校认定的刚性规定,不只是筹边高等学校的毕业生,也有一部分法政类学校毕业生也到教育部请求选举权,以此来证明学校的高等专门学校的性质认定。其中税务学校毕业生就此事到教育部要一个答案,按照教育部当时的做派"力主从严",把税务学校也认定为"一所特殊学校"。然而"陈振先以该校学生多同乡人,欲特别从宽,允其请求。全体参事及专门普通各司长与陈振先冲突,一律辞职。中央学会选举事宜恐将停办"②。

随着后期中央学会被取缔以及教育总长的辞职等事宜,围绕毕业生选举权问题的高等专门学校的认定问题也就不了了之。在历史文献记载中,北京筹边高等学校仍旧记录在公立法政专门学校的统计表中,其学科设置的基调仍旧是法政科,而不是医学、药学、农业、工业、商业、美术、音乐、商船、外国语等学科专业门类。

二 筹边高等学校学科设置变动

北京筹边高等学校属于法政专门学校,法政学科门类属于民国初

---

① 《学界大事记:法政别科,筹边高等学校毕业生力争中央学会选举权》,《教育界》1913年6月1日第3版。
② 《学界大事记:法政别科,筹边高等学校毕业生力争中央学会选举权》,《教育界》1913年6月1日第3版。

期专门学校的十大学科门类中的一种，也是办学数量最多的一类高等专科教育。这一点不仅可以从其合并来的满蒙文高等学堂和殖边学堂的学科设置分析中得到验证，也可以从其停办后未毕业学生被转送至北京法政学校的去向中得到解答。

（一）学科分类不清晰，偏倾向经济学科

民国初期《法政专门学校规程》规定，法政专门学校学科分为三类——法律科、政治科和经济科。根据当时规程规定的各科科目对应筹边高等学校各班科目，不难发现其学科分类极其模糊。

关于筹边高等学校学科设置情况的记载非常有限，好在近代报刊记载有时超出我们的想象，"查在京各衙门所送之决算及收据凭单最为完备者即教育部所管北京筹边高等学校所送二年四月分支付收据粘件册，该册备考栏内所注收据号数与收据粘件册所列号数秩序井然易于核对，且收据另册粘送亦无遗失"①（详见图4-1）。殊不知《浙江公报》还专有筹边高等学堂1913年4月经费决算和详细的收据凭证的记录，这对于我们真实地统计当时筹边高等学校的各科、各班教习和职员的事宜带来了意想不到的便利。

《浙江公报》1913年10月7日第592册表册类12—15页、1913年10月9日第594册表册类7—14页、1913年10月10日第595册表册类11—14页、1913年10月11日第596册表册类9—14页中，详细记录了北京筹边高等学校1913年4月份支付收据粘件册。下面以其职员薪水附表和教员薪水附表为依据统计其当时的班级教员、学科分类情况，如表4-1和表4-2所示。

---

① 《审计厅致京外各机关检送教育部所辖北京筹边高等学校造送二年四月分支付决算分册等件请转饬仿照办理函（二年九月）》，《政府公报分类汇编》1915年第22期（审计类77页）。

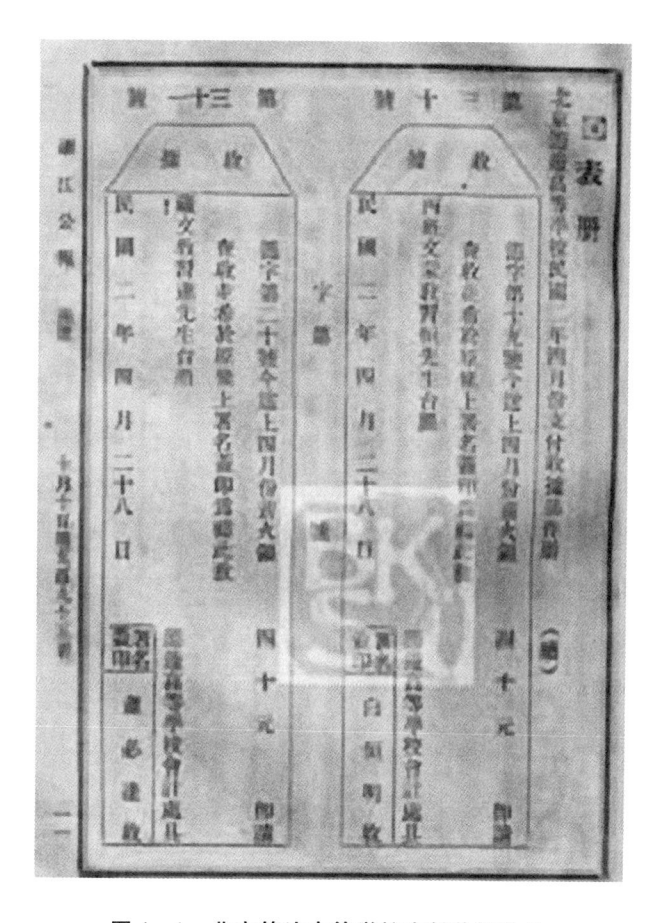

图 4-1 北京筹边高等学校支付收据粘件

表 4-1　　北京筹边高等学校职员一览表（1913 年 4 月）

职务	姓名	月薪（元）
校长	姚锡光	120
代理校长、庶务长	于长藻	120＋100
庶务主任	杨奎伦	80
管课员	达详谟	60
管课员	海宽	60

续表

职务	姓名	月薪（元）
一级管课员	谭汝鼎	60
一级管课员	丁傅福	60
二级管课员	朱仁寿	50
管课员	吴克明	40
庶务员	王松龄	50
二级庶务员	荣厚	50
庶务员	曹英	40
三级庶务员	袁承恩	40

注：依据《浙江公报》1913年10月7日第592册，表册类12—15页和1913年10月9日第594册，表册类7—14页记录加以统计。

如表4-1所示，职员中除了校长之外就是庶务长、庶务主任、庶务员和管课员，这些称谓仍旧延续了清末学堂规定，庶务官专管后勤事宜，管课员专管课堂授课一切事宜，如发放试卷、印刷讲义等事宜，学科管理事宜极为简单。

表4-2　　北京筹办高等学校教习一览表（1913年4月）

所教科目	姓名	月薪（元）	备注
外交史、历史教习兼教务主任	姚憾	200	全班
兼任地理教习	曾继仪	200	两校
国际法、教育学教习	吴秉钊	36	丙班
蒙藏历史教习	吴燕绍	96	丙班
蒙文教习	裕先生	40	丙班
蒙文教习	白恒明	40	丙班
银行论教习	卞寿孙	36	丙班
交通政策教习	韩棠	36	丙班

续表

所教科目	姓名	月薪（元）	备注
藏文教习	王锡恩	140	丙丁班
藏文教习	谭先生	60	丁班
英文教习	沈麟阁	60	丁班
俄文教习	李垣	60	丁班
教育学、法学通论	吴秉钊	72	丁班
回文教习	赛先生	100	丁班
体操助手	李铨之	20	丁班
蒙文教习	白桑斋	100	丁戊班
蒙文教习	吴恩和	80	丁戊班
算数教习	庞德辅	72	丁戊班
体操教习	李光鼎	72	丁戊班
伦理学教习	何宾笙	44	丁戊班
经济学	袁荣虔	36	丁戊班
森林学教习	贾齐桓	36	丁戊班
军事学教习	程夔	36	丁戊班
宪法教习	谭汝鼎	36	丁戊班
法学通论教习	于岫青	24	戊班
俄文教习	花沙纳	60	
藏文教习	萧必达	40	
藏文助教	王先生	40	
商法要论、商业经济	徐鼎元	48	
财政学教习	吴瑞	24	

注：依据《浙江公报》1913年10月9日第594册，表册类7—14页；1913年10月10日第595册，表册类11—14页；1913年10月11日第596册，表册类9—14页记录加以统计。

如表4-2所示，筹边高等学校1913年在校生分三班，即丙、丁、戊三班，由于甲班1912年毕业（毕业摄影可以证明），按照正常学制1913年上半年乙班要毕业。因此，在校三个班级中丙班作为高年级，所授科目最少，主要是蒙文、蒙藏历史、国际法、教育学、银行论和交通政策。丁班开设科目最多，共计14门，戊班科目9门，主要是蒙文、算数、体操、伦理学、法学通论、宪法、经济学、森林学、军事学。在开课比例上三个班级均开设蒙文科目，教习比例上蒙文教习数量4人，分别是裕先生、白恒明、白桑斋和吴恩和，与藏文教习总数并列第一，蒙藏文教习数量占教习总数比例的1/4。

国文、伦理学、法学通论、外国语属于法政专门学校预科科目，算学、体操、历史、地理属于基础科目，专业科目有国际法、教育学、银行论、交通政策、宪法、经济学、森林学、军事学。对应《法政专门学校规程》各科对应的科目（见表4-3），筹边高等学校学科设置偏向于经济科。

表4-3　《法政专门学校规程》中法政科各科目汇总

	科目
法律科	宪法、行政法、罗马法、刑法、民法、商法、破产法、刑事诉讼法、民事诉讼法、国际公法、国际私法、外国语
政治科	宪法、行政法、政治学、国家学、国法学、政治史、政治地理、国际公法、外交史、刑法总论、民法总论、商法总论、货币银行论、财政学、统计学、社会学、外国语
经济科	宪法、行政法、经济史、货币论、银行论、财政学、财政史、农业政策、工业政策、商业政策、交通政策、殖民政策、统计学、保险学、簿记学、民法概论、商法、外国语

资料来源：《教育部公布法政专门学校规程（1911年11月2日部令第22号）》，潘懋元、刘海峰《中国近代教育史资料汇编·高等教育》，上海教育出版社2007年版，第473—474页。

上述专业科目中教育学、森林学和军事学不在法政专门学校所列科目中，因此，筹边高等学校虽然定位在公立法政专门学校的行列，其各班开设科目，尤其是最新的戊班科目都不能明确对应法律科、政治科和经济科中的哪一类，我们也只能从科目对应数目的多少来暂且判断其学科门类偏向于经济科而已。

虽然杨思机学者的《清末民初北京"殖边学堂"及其影响》一文提出"教育部规定，筹边学校一切办法均与部辖其他学校相同，学科分为蒙古文、藏文、回文（维吾尔文）三专科"[①]的论断，在我看来其学科设置不完全属于语言学的范畴。因为蒙文、藏文的设置延续了满蒙文高等学堂的做法，尤其是蒙文科目贯穿各学期始终也是作为蒙古族高等院校的民族特色之一。回文科目的开设是起初的设想，只是到了筹边高等学校时期才得以实现而已。但不能因为设置了多种语言学科目而断定筹边高等学校属于语言类高等专门学校实属欠妥，毕竟在民国初期的教育部教育统计中它始终还是归属在公立法政专门学校的行列，也因此对其学科设置的特色还是坚持法政学科门类为宜。根据上述分析认定，筹边高等学校的学科设置的确不够明朗，相较于法律学科和政治学科，它更偏向于经济学科。

（二）筹边高等学校停办后边政科的延续

当时北京筹边高等学校每月获得教育部3500元的办学经费，根据1913年4月份支付决算，职员薪水940元，教员薪水2400元，每月办学经费几乎所剩无几。一旦公办经费停拨，维持办学就会成为公办院校办学的最大难题。由于军阀混战时期整个社会经济发展水平停滞，国家财力极度困难，即便是公立专门学校也难以保证正常和充足的教育投入。

加上法政类专门学校数量过多，不能很好地满足社会所需农、

---

① 杨思机：《清末民初北京"殖边学堂"及其影响》，《民族研究》2017年第1期。

工、商、医等领域人才，筹边高等学校因为1914年教育部不再支付其办学经费而被迫停办。《政府公报》1914年5月2日第713号："教育部委任令（二则）"中记载，1914年4月25日教育部委任令第45号，委任本部佥事沈鹏年暂行代理筹边高等学校校长，该校长也没能挽回筹边高等学校的命运，成为其最后一任校长。

筹边高等学校1914年6月正式停办，未毕业的学生按照教育部令转送到北京法政专门学校，并特设筹边一科，按照从前的功课继续讲授，直到毕业为止。说辞上似乎与北京法政专门学校的历史沿革志略的提法有些不同，"三年七月高等筹边学校归并本校，特设边政本科一班"[①]。也就是说"筹边科"的称谓到了正式定名时确定为"边政科"，没有保留筹边高等学校校名中的特色。虽然名为"科"，实为"班"的特殊称谓，与原有的北京法政专门学校的学生加以区分，这里不能误认为是专门设立了边政学科门类。因此，边政科不能与法律、政治、经济学等并列为当时的学科门类。准确来说，当时归并到北京法政专门学校的筹边高等学校的学生统一编成边政科班。

根据北京法政专门学校1915年度校务计划书，明确提出附设边政本科教务主任一员，等该班毕业后同时裁撤，边政班旧教员仍继续使用。校务计划书中列出在校班级10个，其中就有边政本科班，并且明确了一点："至十月间边政本科办理毕业。"[②] 可见，独立设置的筹边高等学校虽停办，其学生和教习合并到新的法政专门学校并保留了相对的独立性，某种意义上筹边高等学校的生命力延续到1915年10月。

[①] 《北京法政专门学校沿革志略》，潘懋元、刘海峰《中国近代教育史资料汇编·高等教育》，上海教育出版社2007年版，第487页。

[②] 《（北京）国立法政专门学校四年度校务计划书》，1915年8月30日报部，潘懋元、刘海峰《中国近代教育史资料汇编·高等教育》，上海教育出版社2007年版，第488页。

三 蒙古族高等职业教育的推进

壬子癸丑学制明确说明，改原来的高等实业学堂为专门学校，提高其程度，满足社会对各类专门高级人才的需求。从专门学校是清末高等实业学堂的延续来推断，在教育类型上筹边高等学校属于高等职业教育的范畴。筹边高等学校作为当时民族高等职业教育的主要承载者，既顺应了时代发展的需要，也为边疆地区培养了一定数量的实用人才。

职业教育家黄炎培先生1913年就提出学校教育的实用问题。教育的实用化主张学校教育要满足社会需求，知识与生活相联系、学校与社会相联系的同时，要求务实的教育，即大力发展职业教育，通过职业教育培养个人的生活能力和实际能力，适应社会生产发展的需要。1914年后黄炎培先生多次开展国内外教育考察，深感在欧、美、日本盛行的职业教育是解决当时中国教育的良药。1915年起，全国教育会联合会多次提出推行职业教育的议案，1916年9月江苏省教育会组织职业教育研究会。1917年5月，黄炎培发起组织中国近代第一个研究、倡导、实验和推行职业教育的专门机构——中华职业教育社。中华职业教育社是近代中国历史最久、影响最大的教育团体之一。

北京筹边高等学校也是顺应了国内职业教育思潮的大潮流，短短的两年间就培养出一批实用人才，特别是一批边疆短缺的应用人才，对蒙古族高等职业教育的发展起到了推动作用。与此同时有一批毕业生进入行政职能部门从政，也发挥了自己的聪明才智。图4-2是《西北杂志（北京）》1912年第1卷第2期刊载的"北京筹边高等学校甲班学生毕业摄影"。

根据教育部批第281号文牍，原满蒙文高等学堂满蒙文一班根据章程规定预科2年、正科3年，共计5年学制，学生从1908年2月入

图 4-2 北京筹边高等学校甲班学生毕业摄影

堂算起，1910年学满预科，正科毕业应该是1913年2月才对，但是"上年六月该生等以边事甚亟在在需材，呈请准予变通办理缩短期限毕业，统计该班本科在学数仅得二年"[①]。因此，合并后的筹边高等学校在1912年6月就有了第一批毕业生，即满蒙一班学生——甲班正式毕业。

在毕业生分配问题上蒙藏事务局很用心，有一部分毕业生被推荐去了当时国务院下设铨叙局。铨叙局是北洋政府时期国务院内部机构之一，1912年7月20日颁布了《铨叙局官制》，1914年5月17日废国务院，铨叙局改属政事堂，主要掌管文官的任免、升转、资格审查、存记、注册、考试、勋绩考核、恩给、抚恤、爵位、勋章、荣典

---

① 《教育部批：第二百八十一号（中华民国二年四月）：筹边高等学校毕业生呈请变通中央学会互选资格》，《广东教育公报》1913年第9期第1卷，文牍类，第365—366页。

等事。"查铨叙局陆续咨送到局毕业生已达二十余名，均经注册存记。"① 直到1917年的官方报告中还能看到铨叙局审批筹边高等学校毕业生的文牍。

> 中华民国六年一月二十六日，司法总长张官印，铨叙局批：筹边高等学校毕业生郭金堃、贾永德、柴兆祥，呈验文凭请给予注册以备荐任由，呈悉该员等系筹边高等学校毕业应由教育部注册备案，除将原呈文凭三纸发还应即到局亲领外合行批示遵照此批。②

在边疆建设人才方面，有据可查询的毕业生中有1912年藏科毕业生周文藻请由蒙藏教育局委任赴藏调查，"该生自愿前往西藏调查属勇往可嘉，请由本局委任并发给护照"③。1913年年底藏卫科毕业的四川籍谢璜、谢玑、谢志杰等也请愿前往四川边疆效力，"该生等研究藏事已有年，川边情形知之又谂，而贵镇抚使坐镇川西抚驭藏卫之际，此边疆风云紧迫之时，当必罗掘人才俾资驱使相应将该生等咨送贵镇抚使量才录用，以取所长而裨边事可也"④。

据《政府公报》1912年11月10日第193号，呈批类第18页《蒙藏事务局批筹边高等学校毕业生孟广墊请委任赴蒙调查呈》，请求发给护照和委任状奔赴哲里木盟调查。另据《政府公报》1913年第558号《蒙藏事务局覆国务院秘书处准教育部覆称筹边高等学校毕业

---

① 《蒙藏事务局批筹边高等学校毕业生王启宇呈》，《政府公报》1912年10月27日第179号，呈批类，第6页。
② 《铨叙局批：具呈人筹边高等学校毕业生郭金堃、贾永德、柴兆群：呈验文凭请予注册以备荐任由》，《政府公报》1917年1月30日第379号，批示类，第22页。
③ 《蒙藏事务局批筹边高等学校藏科毕业生周文藻请由局委任赴藏调查呈》，《政府公报》1913年10月12日第164号，呈批类，第9页。
④ 《蒙藏事务局咨川边镇抚使送筹边高等学校毕业生谢璜等赴川边效力文（十二月二十四日）》，《藏文白话报》1913年第2期，文牍类第12页。

生徐凤翔呈请速办蒙藏师范学校一节应从缓议等情请查照函》（1913年11月19日大总统印）记载，徐凤翔请速办蒙藏师范学校为边疆开化切要之图，"本部早经筹划曾于二年度本部预算册中列入此项学校经费，嗣因财政奇拙暂从缓办，俟经费稍裕自当继续进行"①。

虽然因经费问题没有办成蒙藏师范学校，但从徐凤翔的初衷和想法来看，他为边疆教育的发展而培养师资力量的做法本身很值得赞赏。然而边疆地区所缺师资问题是刻不容缓的，到了1919年《教育公报》有一篇公牍《咨复察哈尔都统检定委员会请以筹边高等与法校边政科毕业生充任教员姑照准文》中还在请愿让筹边高等学校毕业生以及后期在北京法政专门学校毕业的边政科毕业生到察哈尔区各旗国民学校充当教员，以满足边疆所需师资问题。

> 本区区立各旗群国民学校均系蒙古学生，举凡教授一切需用蒙语之处甚多，查从前北京筹边高等学校及京师法政学校边政本科均以蒙语为主要科目。若以上列两项毕业生充本区区立各旗国民学校正教员似于各科目实际较为便利。可否援照规程第十四条第三款之例，施以无试验检定等情转咨到部。②

最终是教育部考虑到察哈尔地处边陲，确有特殊情况和需求，准许其呈报教育部请求让筹边高等学校毕业生和法政专门学校边政本科毕业生可以不参加考试环节直接被任命为察哈尔各旗国民学校教员。

---

① 《蒙藏事务局覆国务院秘书处准教育部覆称筹边高等学校毕业生徐凤翔呈请速办蒙藏师范学校一节应从缓议等请请查照函》，《政府公报》1913年11月27日第557号，呈批类，第14页。

② 《咨复察哈尔都统检定委员会请以筹边高等与法校边政科毕业生充任教员姑照准文》，《教育公报》1919年8月23日，第6卷第10期，公牍类，第12页。

至于具体人员和名单在文献中没有找到,但从教育部批示和察哈尔区小学教员委员会请求事宜足以断定,筹边高等学校毕业生不仅在中央机构任职,还有一批毕业生到察哈尔、西藏、四川等边疆地区或充当教员或进行调查或服务于当地所需。

第三节　蒙藏专门学校学科建制

民国初期的北京蒙藏学校于1918年后改称蒙藏专门学校。"北京蒙藏学校实由前清五所旧学,即隶属于内务府的咸安宫学,和隶属于理藩部的咸安宫蒙古官学、唐古特学、托忒学及理藩部蒙古学先后合并改设而成。"① 1912年11月蒙藏事务局呈请袁世凯改设蒙藏学校,1913年2月教育部公布了《蒙藏学校章程》,1913年4月蒙藏学校正式开办,以西黄城根孙家花园为校址,1918年出台《蒙藏专门学校章程》更名为蒙藏专门学校,正式升格为高等专门学校,培养蒙古族法律政治高层次人才。

1926年7月教育部公布的公立专门以上学校统计中蒙藏专门学校被命名为"蒙藏院蒙藏专门学校"。1927年该校短暂停办,1929年恢复办学,重新变回基础教育机构,直至中华人民共和国成立后改称为中央民族大学附属中学。

一　高等教育与中等教育兼具时期的学科倾向

蒙藏学校首任校长是达寿（1870—1939年）,号智甫,② 满洲正

---

① 张建军:《民国时期北京蒙藏学校缘起再考察》,《民国档案》2015年第1期。
② 关于达寿的号在《藏文白话报》（1913年第9期第135页）的蒙藏学校职教员一览表中毛笔字写为"挚夫";图4-3源自《回文白话报》（1913年第4期第5页）,"图画:蒙藏学校校长达智甫先生"中写成"智甫";百度百科中写成"达寿,号挚甫"。

图4-3 蒙藏学校首任校长达寿先生

红旗人，清末光绪二十年（1894）甲午恩科进士，"先生于前清时由进士馆毕业，游历日本，曾奉命考查西二盟蒙古速抵外蒙一带又伴达赖喇嘛回藏，宣统朝为理藩部尚书，现由总裁聘为校长"①。宣统三年（1909）袁世凯内阁成立后，达寿任理藩部尚书，中华民国成立后曾任内务部次长、蒙藏事务局副总裁等职。作为满洲旗人，进士出身，担任过与蒙藏事务息息相关的理藩部和蒙藏事务局要职，被任命为蒙藏学校首任校长，可见蒙藏事务局对蒙藏学校给予了厚望。

根据《蒙藏学校章程》规定，"惟因西北闭塞，而办此学，故重在多收蒙藏青海学生"②，招生比例上蒙古学生占50%，满汉学生占25%，西藏学生占15%，青海及其左近各回部学生占10%，以开发蒙藏青海人民学识，增进蒙藏青海人民文化为宗旨。不论从创办基础还是以占学生总数一半的蒙古族学生生源来看，蒙藏学校都称得上是以蒙古族学员为主要招生对象的少数民族学校。

按照章程规定，蒙藏学校先开设预备科，预备科学生毕业后再开办专门科。从其办学愿景上足以看出蒙藏学校是想办理高等教育层次，然而它所指预备科水平还达不到民国初期大学章程规定的大学预科水平。根据1912年10月颁布的《大学令》，大学设预科，学生入学资格必须是中学毕业者或有同等学力者。然而蒙藏学校《预备科章

---

① 《图画：蒙藏学校校长达智甫先生（中回文对照）》，《回文白话报》1913年第4期。
② 《教育部公布蒙藏学校章程（附补习专科和预备科章程）》，1913年2月，舒新城《中国近代教育史资料》（下册），人民教育出版社1981年版，第829页。

程》只规定预科入学的资格是以年满 15—25 岁身体健全的男子为前提条件，并没有明确规定该年龄段男子的学业层次要求，尤其是没有明确表述中学毕业后的入学标准。

在修业年限上，民国初期大学预科 3 年，专门学校预科 1 年，蒙藏学校预备科明确规定，"本科肄业年限照教育部所定中学校章程定为四年"①。这一规定对蒙藏学校的定位再明确不过了，预备科按照中学校章程办理，因此蒙藏学校预备科在教育层次上显然属于典型的中等教育层次，既不是中等教育向高等教育的过渡阶段，也不是明确的高等教育层级，可见创办初期的蒙藏学校只是一所中学教育性质的普通教育机构。

事实是文本规定与实际运行有所不同，创办初期的蒙藏学校并没有先办理预备科，而是第一年办了补习科，第二年才设置了预备科。《回文白话报》1914 年第 14 期第 13 页《图画：蒙藏学校预备科始业式摄影》（见图 4-4）和《回文白话报》1913 年第 4 期第 8 页《图画：蒙藏学校补习科始业式摄影》（见图 4-5）为证，蒙藏学校 1914 年才始招预备科，1913 年却最先设置了补习科。

补习科不同于预备科的中学教育层次，它更接近高等教育层次。《补习专科章程》明确规定，补习科专收咸安宫学、唐古忒学、托忒学及前清理藩部所办的蒙古学旧有学生，"旧有之咸安宫学、唐古忒学、托忒学及前清理藩部所办的蒙古学旧有学生，惟略习普通，并无专科科学，与民国教育宗旨不合。木学校特设补习科，令该生等补习法律、政治、经济等科学，储为共和民国人才"②。"该学校开办在

---

① 《（附）预备科章程》，舒新城《中国近代教育史资料》（下册），人民教育出版社 1981 年版，第 830 页。

② 《（附）补习专科章程》，舒新城《中国近代教育史资料》（下册），人民教育出版社 1981 年版，第 829 页。

图 4-4　蒙藏学校预备科始业式摄影（1914）

图 4-5　蒙藏学校补习科始业式摄影（1913）

迄，所有咸安官三学学生及前理藩部蒙古学学生等务于阳历三月十五日以前赴本局报道"①，以该报1913年第9期"专件：蒙藏学校补习科学生第一学年第一学期成绩表"为依据加以统计整理，补习科当年招生51名，其中成绩甲等6名，乙等14名，丙等13名，不及格丁等18名，共计51名。

《藏文白话报》1913年第9期刊登的《蒙藏学校职教员一览表》中，除了罗列校长达寿、学监兼教务左需、学监兼庶务薛锡珍、学监陈凤章和黄超杰的名单之外，也有详细的教员名单。由于该校1913年还未办理预备科，此时的教员属于补习科各科目教习，具体科目对应的教员名单如表4－4。

表4－4　　　　　　　蒙藏学校1913年教员一览表

科目	汉文	蒙文	藏文	历史	地理	宪法 国际公法 行政法	国际私法 民法	刑法 法学通论 商法	财政学 经济原论	统计学 簿记学
姓名	郭家声	包文升	萧必达	刘重源	黄昌寿	高穰	陈寿昌	李昌宪	耿汉	郑国恩

注：据《蒙藏学校职教员一览表》，《藏文白话报》1913年第9期。

《蒙藏学校章程》规定，补习科的学制3年，补习科目有汉文、法学通论、宪法、民法、刑法、商法、行政法、国际公法、国际私法、中国地理历史、外国地理历史、统计学、外交史、外交政策、经济政策、政治学、财政学、交通政策、殖民政策、簿记学。对照章程发现，1913年蒙藏学校聘请的教员中虽然没有外交史、政治学、外交政策、经济政策、交通政策、殖民政策等科目的教习，但还是可以根

---

① 《专件：迳启者本局现在开办蒙藏学校设有补习专科》，《蒙文白话报》1913年第3期专件类，第59页。

据当时的科目设置推断其高等教育层次和学科倾向。

所列科目中汉文、蒙文、藏文、地理、历史属于普通基础科目外，其余科目都与1912年11月2日教育部颁布的《法政专门学校规程》中的科目相对应，尤其与法律科的科目最接近。法政专门学校法律科的主要科目有宪法、行政法、罗马法、刑法、民法、商法、破产法、刑事诉讼法、民事诉讼法、国际公法、国际私法、外国语。蒙藏学校补习班开设的财政学、经济原论、统计学、簿记学属于经济科之外，其余科目都属于法律科的必修科目，占总科目数量的一半，所占比重也是最多。因此，成立之初的蒙藏学校还不完全属于四年制中学，最早招生的补习科的性质相当于特殊的法政专门学校，倾向于法律学科门类。

据《教育公报》刊载《蒙藏院蒙藏学校毕业准备案文》（第1481号，民国五年五月二十日），补习科于1916年3月进行了毕业考试，并与三年的整体成绩加以参考，认定31名学员准予毕业，其中"毕业成绩甲等八名，乙等九名，丙等十四名，统计及格者三十一名，应准予毕业"①。丁等5名学员中2名学员的操行成绩达到乙等而准予毕业，其余3名学员由于没法留级，只能给予修业证书以此证明其学力，所以补习科毕业生总计33名。

《北京高等教育史料·第一集·近现代部分》国立北平蒙藏专门学校沿革中说明1916年学校曾一度停办，11月恢复办学，校址从西黄城根孙家花园迁到西单石虎胡同毓公府。关于停办之事，缘起于办学经费没有按时拨付。不同于筹边高等学校的结局，蒙藏学校在蒙藏院（蒙藏事务局1914年改称）时任总裁贡桑诺尔布的争取下最后挽

---

① 《咨蒙藏院蒙藏学校毕业准备案文》（第1481号，公牍类），《教育公报》1916年第3卷第6期。

回了被裁撤的命运。筹边高等学校办学经费每月3500元，由教育部拨款，蒙藏学校办学经费却每月仅有2000元，由财政部拨款，因1916年"本年经费只发一月而该校教员薪水及学生膳宿等费均须现发不能蒂欠"①，贡桑诺尔布1916年8月23日《蒙藏院咨呈国务总理申复维持蒙藏学校情形并催拨欠发经费文》一文，一再强调蒙藏院并无解散该校之理，请财政部从速筹拨蒙藏学校经费以维持该校。8月24日内务总长孙洪伊回复，并答应维持办学。

> 近闻蒙藏学堂现有解散之说，蒙藏文化未繁亟须沟通智识，该校经费月仅两千余元，毋论目前财力如何支绌，决非难于维持，函请查照等因到部查蒙藏学堂之设原为培植人民通知蒙藏情形以养成才识，开办既经数年遽行解散殊属可惜。现在庶政劝新教正宜发达，自应力予维持。②

复办后的蒙藏学校1917年在校生达200多人，学习的主要课程有汉文、蒙藏文、法律、地理、历史、统计学、经济学、政治学等。③按照上述分析，补习科只招一届并1916年已经毕业，那么1917年在校生应该都属于预备科中学教育阶段的学生。

综上所述，1918年之前的蒙藏学校兼具高等教育与中等教育的双重属性，从其1914年办理的预备科也不能完全认定是一所纯粹的中学。我们不能在历史的转型期和时代的过渡性中苛责学校的纯粹性，

---

① 《蒙藏院咨呈国务总理申复维持蒙藏学校情形并催拨欠发经费文》，《政府公报》1916年8月31日第237号，第16页。
② 《咨：内务部咨蒙藏院、财政部、教育部蒙藏学堂经费为数不多应力予维持请查照核办文》，《政府公报》1916年8月24日第238号，第12页。
③ 吴慧龄、李壑：《北京高等教育史料·第一集·近现代部分》，北京师范学院出版社1992年版，第257页。

正如近代中国第一所国家政府办理的综合大学——京师大学堂的开办初期既有小学生，也有中学生，还有科举出身者和大学生在内的综合体一样。从《第一次中国教育年鉴·丙编》的《民国初年公立法政专门学校一览表》中列有蒙藏专门学校的名字来看，创办初期的蒙藏学校的办学方向和导向都是朝着法政专门学校来办理的。

二 《蒙藏专门学校章程》规定的学科设置

1918年2月蒙藏学校向教育部申请筹设高等教育层次的专门科。这一时间节点与蒙藏学校的办学进度完全吻合，"蒙藏学校先设补修预备两科，俟二科学生毕业后再行开办完全专门科"①。蒙藏学校第一班3年制补习科学生1916年毕业，按照章程只招一届，1914年4月招生的预备科学生按照4年学制规定也在1918年3月毕业。

因此，蒙藏学校1918年开始办理有合格中学毕业生源的高等教育是顺理成章的，但由于当时向教育部提出申请的高等教育学科、科目、修业年限与专门学校章程不符，教育部要求蒙藏学校重新斟酌修改其高等教育规程。1918年6月20日教育部通过并公布了《蒙藏专门学校规程》，"该校此次所订课程及预科本科年限尚与本部法政专门学校规程相符，自当准予照办"②。至此北京蒙藏学校正式升格为高等教育机构，改称蒙藏专门学校，属于北洋政府时期的蒙古族法政专门学校，造就法律政治经济领域专门人才。

《蒙藏专门学校章程》规定，蒙藏专门学校预科1年、本科3年，设立法律、政治、经济三个学科门类，具体科目安排见表4-5。蒙藏专门学校学科设置和科目安排与1912年11月2日教育部公布的《法

---

① 《组织蒙藏学校之大概》，《中华教育界》1913年第4期。
② 《咨蒙藏院蒙藏学校法本科课程准备案经费各节仍应由蒙藏院主持文》，《教育公报》1918年第5期，公牍类，第26页。

政专门学校规程》相符合,唯独经济科少了一门商业政策,其他各科均加设了蒙文、藏文科目。

表4-5 《蒙藏专门学校规程》中各学科科目汇总表

学科分类	必修科目	选修科目（选择一种以上习之）
预科	法学通论、经济原论、心理学、论理学、伦理学、国文、蒙文（藏文）、英文	
法律本科	宪法、行政法、罗马法、刑法、民法、商法、破产法、刑事诉讼法、民事诉讼法、国际公法、国际私法、蒙文（藏文）、英文	刑事政策、法制史、比较法制史、财政学、法理学
政治本科	宪法、行政法、政治学、国家学、国法学、政治史、政治地理、国际公法、外交史、刑法总论、民法概论、商法概论、货币银行论、财政学、统计学、社会学、蒙（藏）文、英文	农业政策、工业政策、商业政策、交通政策、殖民政策、政党史
经济本科	宪法、行政法、经济史、货币论、银行论、财政学、财政史、农业政策、工业政策、交通政策、殖民政策、统计学、保险学、簿记学、民法概论、商法、蒙（藏）文、英文	商业史、商业地理、国际公法、刑法总论、政治学、交易市场、仓库及税关论
政治经济本科	宪法、行政法、政治学、刑法总论、国际公法、民法概论、商法概论、货币银行论、农业政策、工业政策、商业政策、交通政策、殖民政策、统计学、财政学、统计学、簿记学、蒙（藏）文、英文	国法学、政治史、外交史、经济史、商业史、保险学

资料来源:《1918年6月20日蒙藏专门学校规程》,朱有瓛《中国近代学制史料·第三辑》(下册),华东师范大学出版社1992年版,第683—684页。

蒙藏专门学校的招生比例仍旧是内外蒙古学生占50%、满汉学生占25%、西藏学生15%、青海及其左近各回部学生占10%,蒙古族学生占据总体人数比例的一半。招收学生的教育程度以中学毕业得到毕业证为前提,这一点不同于之前的蒙藏学校时期,蒙藏专门学校真正意义上符合了高等教育层次。根据《蒙藏专门学校现行规则》第

116条规定，专科教育的开学日期调整为"八月一日为学年之始，以翌年七月三十一日为学年之终"①。春季入学调整为秋季入学，与当今我国各级各类学校开学日期相统一，学制规定逐步趋于规范化。

至此蒙藏专门学校的高等教育性质是不容置疑了，但也不能因为升格为高等专门学校而完全否定其办理其他层次教育的可能性，或者说蒙藏地区基础教育的薄弱性，不能及时充足地满足蒙古族高等教育所需的合格生源，蒙藏专门学校没有放弃四年制中学教育的办理。即使废科举兴学堂已经十余年，在内外蒙古、西藏、青海等边疆地区中等教育发展还是非常缓慢的，"按中国各省教育调查的结果，普通教育在蒙藏的数量，是居中国最末的地位"②。为蒙藏青海学生中程度达不到中学毕业者为升入专科起见，蒙藏专门学校附设了4年的中学科，以高等小学毕业者考试合格通过为招生前提。这一做法似乎与蒙藏学校时期有些类似，高等教育与中等教育并存，但蒙藏专门学校名称的改动说明其重心是高等教育，中等教育的存在也仅仅是为高等教育的顺利开展做了准备和铺垫。

三 1918年法律学科建制

1918年3月蒙藏专门学校在预备科毕业生的基础上办理了高等教育专科层次的法律科。由于章程是按照教育部要求根据《法政专门学校章程》修订，因此在学科设置上就包括法律、政治、经济和合设的政治经济学等学科门类，但"本校拟先设法律一科，除蒙文为本校必须科目应行加入外，其修业年限及教授科目悉照部定法校规程办理"③。

---

① 《蒙藏专门学校现行规则》，《教育公报》1918年第11期，纪载类，第16页。
② 游宇：《蒙藏专门学校的黑幕》，《民国日报》1924年4月17日第8版。
③ 《咨蒙藏院蒙藏学校法本科课程准备案经费各节仍应由蒙藏院主持文》，《教育公报》1918年第5期，公牍类，第26页。

据《教育公报》1918年第5卷第7期第65页《国务院函议决照准追加蒙藏学校经费抄录原文预算书科目表请查照文（七年三月四日）》记载，详细罗列了蒙藏专门学校预科科目和法政本科科目有：预科开设法学通论、经济原论、心理学、论理学、伦理学、国文、蒙文、外国语；法律本科三年必修科目是宪法、刑法、民法、商法、民事诉讼法、刑事诉讼法、国际公法、国际私法、破产法、罗马法、蒙文、外国语；选修科目是法制史、法理学和比较法制史。对比蒙藏专门学校章程规定，法律本科必修科目中少了一门"行政法"，选修科目中少了"刑事政策"和"财政学"的两门科目。

1918年蒙藏专门学校设法律预科，"1919年3月，法律预科班修业期满，4月7日，所有预科学生18名升入法律专科上课"①，1922年第一期法律本科毕业，"1922年6月，法律专科班毕业，这是我国第一个成建制的少数民族大专班学生毕业"②。从毕业生的去留和去向看，还是派往边地尤其是蒙藏边陲，大总统令第2921号"令蒙藏院总裁塔旺布里甲拉呈蒙藏专门学校法律专科毕业学生拟援照成案由院咨送蒙藏各地量予录用由呈悉准如所拟办理此令"③，蒙藏专门学校不仅为边疆培养学科对口的法律政治人才，也为边疆地区文化教育领域培养了一批急需的高级专门人才。

四 1920年政治学科建制

1920年4月17日蒙藏院总裁贡桑诺尔布呈国务院蒙藏专门学校添

---

① 苏发祥、安晶晶：《论民国时期北平蒙藏学校的建立及影响》，《青海民族研究》2013年第4期。
② 苏发祥、安晶晶：《论民国时期北平蒙藏学校的建立及影响》。
③ 《大总统令：大总统指令第二千九百二十一号，令蒙藏院总裁塔旺布理甲拉：呈蒙藏专门学校法律专科毕业学生拟援照成案由院咨送蒙藏各地量予录用由》，《政府公报》1922年9月25日，第3页。

班政治专科拟定科目和追加预算经费折,国务会议议决的结果是经费紧缺暂不支持增设政治专科。办学最需要的是经费支持,前文也曾提到过,筹边高等学校每月经费3500元,教育部因支付不起每月额定经费而最终停办。相较于筹边高等学校,蒙藏学校从财政部领取的经费是每月2000元,即便是升格为高等专门学校后,办学经费每月也不到3000元,"现添设专科,按月仅增九百五十六元五角,按年统计仅增一万一千四百七十八元,在国家所费无多,于蒙藏教育前途所关"[①]。

的确对于一个国家民族而言,每月增加956.5元,一年也不过是11478元支出的高等院校经费,不足以影响经济社会发展的总体步伐,更不应该一年有一万多元的开支而不让开设一门重要的学科门类,破坏社会所需人才培养的渠道。但在军阀混战时期,国家还不统一的北洋政府的教育经费原本就极其有限,加之对教育的重视程度不到位,经费问题完全成为办教育的第一障碍。

面对经费问题的困境,蒙藏院于1920年5月再次恳请在不增加经费的前提下变通办理政治科的请求:

> 此次开办政治专科若因经费不足遽行停顿则毕业生无班可升,似失国家教育蒙藏人才之意未免可惜。思维再四惟有移缓救急之一法本届中学第二班已经毕业,即以所余之款开办政治专科仅可敷用,至应添之中学第四班则俟经费稍裕再行咨取,是于原有经费并未加增而以办理第二班中学之经费移办政治专科似无不敷之处。[②]

[①] 《国务院函议决照准追加蒙藏学校经费抄录原文预算书科目表请查照文(七年三月四日)(附表)》,《教育公报》1918年第7期,公牍类,第38页。

[②] 《蒙藏院呈大总统为蒙藏学校请以第二班中学经费移办政治专科拟请准予照办文并指令》,《教育公报》1920年第6期,公牍类,第3页。

最终大总统指令第 1244 号"令蒙藏院总裁贡桑诺尔布，呈蒙藏学校请以第二班中学经费移办政治专科拟请准予照办由，呈悉准如所拟办理此令"①。蒙藏专门学校的政治学科建制是用停办中学四班为代价，在不增加办学经费的前提下，将有限的财力转移支付方式办理成功的。因此，时隔两年后在法律学科门类之外蒙藏专门学校办理了政治学科的专科教育。

五　1923 年政治经济学科建制

蒙藏专门学校在中学一班即第一届预备科毕业生的基础上办理了法政专科，在中学二班的基础上办理了政治学科专科，1919 年"8月，添招中学第三班改为秋季开学"②，按照合格生源的条件，四年后继续办理专科教育。"1923 年设政治经济专门科，并增招师范、畜牧、农事等班。"③ 因为在 1920 年办理政治专科，停办中学四班的招生工作，等中学三班毕业后，再继续开设专科教育最大的困难不只是经费问题，而是合格生源紧缺的问题。

《政府公报》1923 年第 2651 期第 2 页《照会：蒙藏学校照会各盟长为添招中学班请选送合格学生文（附办法）（中华民国十二年七月二十三日）》记载"蒙藏专门学校呈称职校现在只有专门预科一班，若不及时续招中学班将来恐难衔接，为此缮具办法呈请照会内蒙各旗照案选送合格学生，依限来京备试"。附录的招生办法为中学 60

---

① 《大总统令：大总统指令第一千二百四十四号（中华民国九年五月十日）：令蒙藏院总裁贡桑诺尔布：呈蒙藏学校请以第二班中学经费移办政治专科拟请准予照办由》，《政府公报》1920 年 5 月 11 日，第 3 页。

② 苏发祥、安晶晶：《论民国时期北平蒙藏学校的建立及影响》，《青海民族研究》2013 年第 4 期。

③ 吴慧龄、李壑：《北京高等教育史料·第一集·近现代部分》，北京师范学院出版社 1992 年版，第 257 页。

人，定于1923年9月20日开学，9月10日前到京报到，考试科目是国文、算数、蒙文、历史、地理，不通晓汉蒙文字概不收录。

1927年学校再度停办，停办后的蒙藏专门学校没能再恢复原来的法政学科。《财政月刊》1927年第14卷第165期第3—4页杂项：《咨蒙藏院请将石虎胡同官房准予拨让蒙藏专门学校为校址一节此项官房本部急拟收回务请转饬该校迅予迁让文（八月二十九日）》一文要求蒙藏专门学校迁出原校址，归还财政部，其实早在1926年10月间租期满，就曾催促该校另觅校址。"拟请咨商财政部将石虎胡同官房永远拨归本校应用。查蒙藏专门学校系属国立性质。现正督促进行，校址问题亟应速为解决。"1927年停办的蒙藏专门学校于1929年支持复校，改校名为蒙藏委员会北平蒙藏学校。复办后的学校已经蜕变为基础教育机构，而非高等教育机构。

从蒙藏学校到蒙藏专门学校，不只是名称的改革，也是教育性质的变革。虽然两种不同的称谓时期学校因特殊缘故存在高等教育与中等教育均并存的现象，但在蒙藏专门学校时期学校属于名副其实的高等专科教育，也是这一时期唯一的蒙古族高等院校。该校在1918—1922年办理了第一届法律专科；在1920—1924年办理了第二届政治专科；在1923—1927年间办理了第三届政治经济专科。由于经费缘故高等专科教育的合格生源均来自其附设中学科，其中中学一班（1914.4）、二班（1916.4）、三班（1919.8）分别是上述三个高等专科教育的生源班，并且1920年政治专科招生时期经费缘故没有增加中学四班，直到1923年才招生60名中学生，按照4年学制，等中学四班毕业时蒙藏专门学校也停办了。

综上所述，民国成立十年后全国教育界才认同"蒙藏教育"的称谓，蒙古族高等教育的发展也始终在蒙藏院（前身蒙藏事务局）的大力支持和统一管理中延续和改革，应该说少数民族高等教育在此时还没有正式纳入全国统一的高等教育管理体系中。因此，这一时期蒙古族高等院校学科设置与发展具有自发性特点，总体发展也没有承接性和递进性。

1914年停办的筹边高等学校到1918年北京蒙藏学校改为蒙藏专门学校办理了高等专科教育的四年时间是蒙古族高等教育的停顿时期。仅有的两所蒙古族高等院校——筹边高等学校和蒙藏专门学校，从其专门学校的属性看同属于高等职业教育的范畴，并且同属于法政类，也是这一时期全国专门学校中办理最多的学科专业门类，所办学科倾向始终没有脱离实用性特点的法政科，既没有表现出民族性的特点，也没有表现出自身的独特性。从高等教育学业水平上两所高校仍旧停留在高等专科教育水平，没有达到大学本科水平。有所不同的是筹边高等学校虽由教育部管辖，但在众多专门学校中没有得到应有的重视，因办学经费所限而停办。蒙藏专门学校却由蒙藏院管辖而受到专门关注和支持。可见，发展民族高等教育不但需要人力、物力、财力的全方面支持，更需要人们对其特殊人才培养的重视和关注。

第五章　国民政府时期蒙古族高等院校学科建制

北伐成功后南京国民政府成为唯一代表中国的合法政府，开始致力于国家的稳定发展，扶植各民族文化教育事业。到了20世纪30年代就有四所蒙藏学校，分别为"一、北平蒙藏学校，系蒙藏委员会所设立；二、晓庄蒙藏学校，是中央政治学校所附设者；三、上海蒙藏学校，为班禅大师在沪所起见；四、蒙藏委员会附设蒙藏政治训练班"①。四所学校中的晓庄蒙藏学校是中央政治学校附设的蒙藏学校，区别于北平蒙藏学校也称南京蒙藏学校，这两所主要招收边疆蒙、藏、回民子弟，学生毕业后主要回边疆服务。北平蒙藏学校与南京蒙藏学校在办学过程中均经历过中等教育向高等教育的发展历程。

上海蒙藏学校为私立学校，"本市市绅及班禅大师子弟等为训练边疆服务人才起见，特筹设蒙藏学院，业已开始招生，定下学期开学。关于立案事宜，教育部蒙藏教育司会派员来沪调查该校设备，据悉调查结果，该校设备尚称合格，当可准予立案，惟名称尚欠妥善，学院二字似嫌规模过大，现已决定改称为'私立上海蒙藏学校'已经

---

① 《我国之蒙藏学校》，《立报》1935年12月4日第3版。

批准"①。事实上，上海蒙藏学校 1934 年办理后不久紧接着在 1935 年合并于南京蒙藏学校。

蒙藏政治训练班附设在蒙藏委员会，招生不限制籍贯，但要求是高中毕业生，传授专门学问与蒙藏文并重，办学层次上属于高等专科教育范畴。国民政府时期真正有建制的并且办理过蒙古族高等专科教育的就是国立北平蒙藏学校师范专修科、南京（晓庄）蒙藏学校专修科和蒙藏委员会蒙藏政治训练班。全面抗战时期，边疆研究引起广泛的关注，国立边疆文化教育馆的成立意味着蒙古族高等院校建制在高等院校之外还设有专门从事边疆文化研究的建制。

第一节 民族高等教育深化发展的时代背景

有关中国近代教育的时间跨度问题，"田正平先生提出以 1861—1862 年前后为上限，以 1927 年前后为下限。具体划分三个阶段：1862—1894 近代新式教育的产生期；1895—1911 近代新式教育的发展期；1912—1927 近代新式教育的成熟期。这样的分期，基本上以教育变迁为依据，也适当地考虑了近代历史发展的阶段，将通史分期与教育史分期结合得较为妥帖，不失是一种值得借鉴的近代教育分期法"②。以此类推，中国现代教育的时间跨度以 1927 年为上限，1949 年中华人民共和国成立为下限。按照中国教育史的断代划分，国民政府时期教育属于现代教育史的范畴。

一 高等教育制度的规范化发展

1926 年 3 月 1 日在广东成立的教育行政委员会是同北洋政府教

---

① 《本市蒙藏学院改称私立蒙藏学校》，《申报》1934 年 8 月 1 日第 5 版。
② 杜成宪、邓明言：《教育史学》，人民教育出版社 2004 年版，第 104 页。

部并存的教育管理机构。南京国民政府成立后,第102次政治会议批准蔡元培先生提出的仿照法国采取大学区制,变更教育行政制度的提议。法国的大学区制似乎在当时的中国水土不服,短暂尝试后以失败告终。1928年"十月八日,政府改组,成立五院,以谭延闿为行政院院长,十九日,废止大学院制,恢复教育部制,直隶于行政院"①。1928年10月恢复国民政府教育部,统辖全国教育事务。

国民政府时期高等教育分为大学、独立学院和专科学校三种,办学主体上可以分为国立、省立、市立、私立四种。1929年7月和8月教育部陆续出台了《大学组织法》《专科学校组织法》和《大学规程》。"《大学组织法》的颁布标志着中国高等教育的发展开始一步步走向规范与成熟。"② 在学科设置方面大学分文、理、法、教育、农、工、商、医八个学院,若具备三个学院以上,其中包括理、农、工、医学院之一可以称为大学;不具备三学院者称为独立学院。大学和独立学院属于本科教育,学制4—5年,可以设置研究院、所;专科学校学制2—3年,具体划分为工、农、商、医、音乐、艺术、体育等学科门类。

1930年4月全国第二次教育会议通过《改进高等教育计划》,高等教育改革从数量扩充进入质量提升阶段,适度限制文类或社会科学学科门类的发展规模,鼓励和加强实类或自然科学学科门类的建设。1930年12月教育部颁布了《整顿学校令》,1931年陆续公布了《专科学校规程》《修正专科学校规程》和《学分制划一办法》,进一步规范了专科学校和高等教育学分制管理。

抗日战争时期,国民政府进一步加强对高校的统一管理和指导,

---

① 周予同:《中国现代教育史》,福建教育出版社2007年版(原版1931年),第37页。
② 董宝良:《中国近现代高等教育史》,华中科技大学出版社2007年版,第142页。

调整了高校内迁事宜。1937年8月教育部颁布《总动员时督导教育工作办法纲领》，1938年陆续制定了《战时各级教育实施方案纲要》《师范学院规程》和《国立各院校统一招生办法大纲》。1939年3月4日蒋介石提出"战时要当平时看"的方针政策，使高校迁移、合并成为可能。"据统计，当时全国108所高校中，因战争有17所无法办理，14所勉强维持在敌占区，剩余的77所被迫迁移后方。"① 高校迁移主要在陕西、甘肃、四川、云南、贵州、湖南的西部和广西的一些地区。迁移过程中，出现了第一次大规模的高校联合，11所联合大学中著名的有国立西南联合大学和国立西北联合大学。与此同时部分省立、私立大学改为国立大学，如云南大学、广西大学、厦门大学、复旦大学等。1939年5月教育部颁布《大学行政组织补充要点》《独立学院及专科学校行政组织补充要点》，1940年陆续颁布《全国专科以上学校学生学业竞试办法》《专科以上学校学生学业成绩的考核办法》和《大学及独立学院教员资格审查暂行规程》，1942年8月教育部颁布了《修正师范学院规程》。

抗战胜利后，西迁大学开始回迁，停办的大学恢复办学，内地在回迁大学遗址上重办新校，高等教育在短期内发展较快。1948年1月公布了《大学法》和《专门学校法》，明确提出大学教育以研究高深学术养成专门人才为宗旨，专科教育以教授应用科学以养成技术人才为宗旨。

二 蒙藏教育事务的多元化管理

蒙藏教育司的提议始于1929年8月第三届中央执监委员全体会议。"蒙藏教育向不发达因语言文字不通行。须要翻译。设计施教事

---

① 董宝良：《中国近现代高等教育史》，华中科技大学出版社2007年版，第153页。

业繁复。现在非设有专司不足以尽提倡督促之责。行政院已将教育部组织法修正（添设蒙藏司）"①。南京国民政府关注边疆教育问题，1929年10月在改组后的教育部增设了蒙藏教育司。教育部蒙藏教育司的主要职能包括：开展蒙藏地区教育调查；兴办蒙藏地方教育事业；培养蒙藏教育师资；蒙藏子弟入学奖励事宜以及蒙藏教育经费计划等事项。据1931年6月28日《申报》报道"立法院昨日修正通过教育部组织法"。

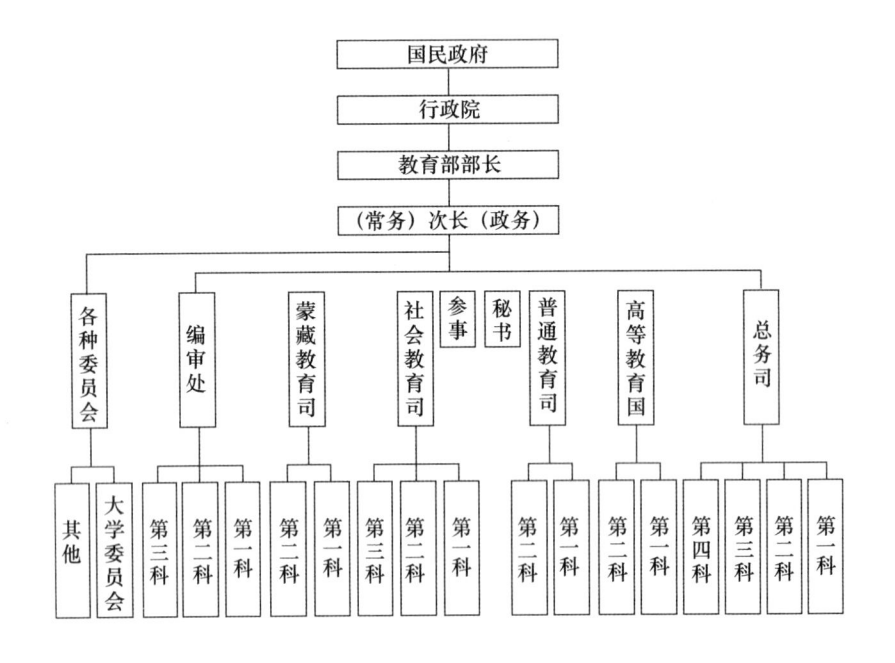

图5-1 南京国民政府教育部组织图②

如图所示，蒙藏教育司下设两科，第一科主管蒙古族教育，第二科主管西藏教育。关于蒙藏教育司司长一职，一直是由其他司长兼

---

① 《教育消息·要闻·蒙藏教育司日内可设立》，《申报》1929年10月10日第5版。
② 周予同：《中国现代教育史》，福建教育出版社2007年版（原版1931年），第38页。

任。起初"（南京）教部蒙藏教育司长一职。已内定陈剑翛。下周可提出行政会议"①。1929年11月"十四日令该部社会教育司司长陈剑修暂兼蒙藏教育司长，科长只设一人（闻已内定蒙古人库某），科员一二人，以熟悉蒙藏者为佳。"②"十六日发表办理蒙藏教育计划。声明科长。内定廖某一人。只负筹划之责。"③1930年8月，陈剑翛辞职，改由普教育司司长顾树森兼任。

1929年11月由库耆俊任科长，库耆俊是归化城土默特旗满族人，毕业于美国康乃尔大学。1930年3月库耆俊辞职，由汪睿昌兼任，汪睿昌字印候，蒙古族，满名特睦格图，是卓索图盟喀喇沁右旗人，毕业于日本东京慈慧医科大学。同年12月定汪睿昌为专任科长。④1933年11月蒙藏教育司的人员任职情况是司长顾树森，科长汪睿昌，科员贺伯烈、金淑慧（字明轩，卓索图盟喀喇沁右旗人），书记希日默（字绍贤，喀喇沁右旗人）。1947年"将蒙藏教育司改为边疆教育局，将其职责扩大。"⑤

由于蒙藏地域广，文化教育事业相对落后不发达，国民政府教育部虽设立了专管民族教育的蒙藏教育司，管理起来还是很复杂。"1928年12月27日，在行政院下设蒙藏委员会，与各部平行。1929年2月7日，国民政府制定并公布了《蒙藏委员会组织法》。"⑥为了提高管理蒙藏教育事务的效能，蒙藏委员会1932年8月30日"组织教育委员会，办理蒙藏教育事宜。并且议定组织大纲七条，拟定白云

---

① 《国内要电三·蒙藏教育司长已内定》，《申报》1929年10月3日第3版。
② 《蒙藏教育司长发表后》，《益世报》（天津）1929年11月23日第4版。
③ 《国内要电二·首都纪闻》，《申报》1929年11月17日第2版。
④ 蒙古学百科全书编辑委员会：《蒙古学百科全书·教育》，内蒙古人民出版社2009年版，第424—425页。
⑤ 《教部组织法草案　昨经立法院修止：蒙藏教育可改为边疆教育局》，《申报》1947年2月1日第2版。
⑥ 朱慈恩：《蒙藏委员会与民国时期的边疆教育》，《民族教育研究》2008年第5期。

梯委员为主任，主持一切"①。《蒙藏教育委员会组织大纲》第二条规定，主要办理事项是计划推进蒙藏教育的方法和审核关于蒙藏教育文件。《蒙藏委员会教育委员会组织规程》②规定，该委员会设置主任1人，副主任1人，委员5—9人，均由蒙藏委员会选派熟悉蒙藏情形者，每月开会一次，本委员会得分股办事，股员二至五人，均由蒙藏委员会委员长就本会职员中调充之。

至此国民政府教育部蒙藏教育司和蒙藏委员会下设蒙藏教育委员会均可管理蒙藏教育事务，具体分工方面"全部蒙藏教育由蒙藏委员会主办，即将教育部之蒙藏教育司并入统筹办理，教育部处于监督指导之地位，以期事权专一，机能一致。已建省之蒙藏区域，其初等、中等、高等职业师范等普通教育事项，由教育部主办，蒙藏会协助之"③。上述三所蒙古族高等教育机构中，南京蒙藏学校由教育部管辖，北平蒙藏学校和蒙藏政治培训班由蒙藏委员会管理和负责。

第二节 南京蒙藏学校高等教育阶段的学科建制

国民政府时期蒙藏学校中最具影响力的是国立南京蒙藏学校和国立北平蒙藏学校，名称虽为蒙藏学校，"大概北平南京两地学校以蒙古人入学为多。康定一校。西藏人就学较便云"④。从蒙藏学校以招收

---

① 《成立蒙藏教育委员会》，《蒙藏旬报》1932年第4期。
② 《蒙藏委员会教育委员会组织规程》，《蒙藏旬刊》1933年第65期。
③ 《蒙藏委员会于第三次全国教育会议提出关于蒙藏教育权及其与教育部划分工作范围问题的提案》，1939年4月，中国第二历史档案馆编《中华民国史档案资料汇编·第五辑·第二编·教育》（一），江苏古籍出版社1997年版，第128页。
④ 《教育消息·要闻·教部设蒙藏学校三所》，《申报》1929年12月25日第3版。

蒙古族学生为主来看，南京蒙藏学校的高等专科教育属于国民政府时期蒙古族高等院校的典型。南京蒙藏学校的办学性质不能一概而论，因为它的办学历程也经历过中等教育和高等教育并存时期，然而在1936年后的专修科时期和1941年改称国立边疆学校时期属于典型的高等专科教育阶段。

一 中央大学蒙藏班的尝试

国立南京蒙藏学校的前身是中央政治学校的蒙藏班，渊源上与中央大学蒙藏班有直接关联。"教育部蒙藏教育司，前为改进蒙藏教育起见，拟设立一蒙藏学校，然因经费无着，致未开办，现决先由中央大学筹设蒙藏班。"[1] 教育部蒙藏教育司原本在国民政府所在地南京欲设立一所蒙藏学校，与北平蒙藏学校一南一北遥相呼应。主要还是因为办学经费所限，蒙藏教育司先依托国立中央大学增设蒙藏班，招收蒙藏子弟入学，以表国民政府对边疆人才培养的重视程度。

中央大学的前身是1921年成立的国立东南大学。1927年国民政府试行大学区制后国立东南大学改组为第四中山大学，1928年2月改称江苏大学，同年5月定名为国立中央大学。至全面抗日战争前，国立中央大学是国立大学中学科门类最齐全的一所多学科综合性大学。早在东南大学时期就有优待蒙古学生使其接受高等教育之意，由此可见中央大学增设蒙藏班的意向其实有其历史渊源。据1925年4月21日中华教育改进社与东南大学商定优待蒙古学生办法函："本社前为提倡蒙古教育起见，曾于去年年会时提议启请国内高等专门以上学

---

[1] 《中央消息：蒙藏学校暂缓设立》，《湖北教育厅公报》1930年第11期（教育消息第9页）。

校，订定优待蒙古学生办法，增设蒙古学额，收录蒙古程度相当之学生，俾受高等教育。"① 南京国民政府时期，这一设想得到了响应，"中央北平两大学设蒙藏教育班。特予优待"②。

蒙藏教育的落后毋庸置疑，如前文分析清末民初的蒙藏高等教育均在内地办理，边疆地区没有一所蒙藏高等教育机构，直至国民政府时期也没有根本性改观，国民政府也意识到边疆地区真要设立大学最早也要十年后。因此为了积极筹划发展蒙藏教育，南京国民政府鼓励蒙藏学生研究高深学问，在国立中央大学和北平大学各设蒙藏班，"蒙藏班程度相当于大学预科修业，期限暂定二年，毕业后升入大学本科，准免受入学试验"③。在第二届全国教育会议中进一步明确了这一决定，实施高等教育办法第一条明确要求，切实完全实行蒙藏学生待遇的规定，"应遵照十八年春间国务会议议决，交教育部办理的办法，本年秋季开学前，成立大学蒙藏班"④。根据国务会议议决，1929年秋季就要办理中央大学的蒙藏班。

国立大学办理蒙藏预科教育也是形势所趋。一方面招收蒙藏学生的高等院校在清末民初时办时停，到了国民政府时期没有一所民族高等学府延续下来，仅存的蒙藏专门学校也在1927年后停办两年，恢复办学后还变成了中等教育机构。当时国内的确没有一所少数民族高层次人才培养的独立高等教育机构。关于这一点当时的学者也有很精

---

① 《中华教育改进社与东南大学商订优待蒙古学生办法函》，1925年4月21日，中国第二历史档案馆编《中华民国史档案资料汇编·第三辑·教育》，江苏古籍出版社1991年版，第810页。
② 《教育消息·要闻·蒙藏二十年后设大学》，《申报》1929年11月28日第3版。
③ 《教育部公布蒙藏学生就学国立中央、北平两大学蒙藏班办法》，1931年，中国第二历史档案馆《中华民国史档案资料汇编·第三辑·教育》，江苏古籍出版社1991年版，第833页。
④ 《教育消息第二届全国教育议特刊第五号·蒙藏组第二次审查》，《申报》1930年4月19日第5版。

当的分析：

> 提倡蒙藏教育，格外设法以挽进国强民富的原则，故不得不加注意于蒙藏教育。关于蒙藏学生，最大的一个关键，就是此次全国第二次教育会议，决议蒙藏教育实行计划内，对于蒙藏学生，升入大学内，每年每人助给补助费三百元，这种决议案早在蒙古旬刊上发表出来，这是当政诸公，热心蒙藏教育唯一的方法，因为蒙藏子弟，多生白屋布衣之家，求学本属妄想，现在北平南京等处，设有蒙藏学校，以补助中等教育的阶梯，可是再进一步的深造，就是难能了。因为既没有蒙藏最高的学府，入其他各国立大学，竟成画饼，只好妄想而已，闻天上之福音，处于失学而落拓的青年，是何等的欢愉——祝福。①

国立大学办理蒙藏预科教育的另一个原因是要想发展民族教育务必先要解决和培养合格的师资问题，这也是国民政府教育部要求中央大学增设蒙藏班的主因。"并为提高程度以资进修养成蒙藏教育师资。曾令中央大学设立蒙藏班。该校校长以经费困难。声请暂缓筹设。闻教部方面以开办蒙藏班洵为当务之急。刻不容缓。拟令该校于特别费项下。拨资把注以应需要云。"② 由此可见，1929 年秋季因经费原因中央大学没能及时按照教育部规定办理蒙藏班。

教育部要求 1930 年"北平及中大蒙藏班准于本年暑假内成立"③，还是由于经费拨款不到位导致未能及时开班。"惟中大教费亦甚拮据，蒙藏班亦未能如期成立，拟先分别考选，暂入中大各院系听讲，一俟

---

① 殷石麟.《对于"蒙藏教育"之我见》,《大公报》(长沙版) 1931 年 5 月 5 日第 11 版。
② 《教育消息·要闻·中大仍有开办蒙藏班之希望》,《申报》1931 年 8 月 5 日第 3 版。
③ 《教育消息·要闻·教部蒙藏教育之工作》,《申报》1930 年 6 月 18 日第 3 版。

该蒙藏班设立后，则仍调回，目下已报到之学生，以西藏籍为多，计共有四十八名云。"①蒙藏边地学生陆续到达南京，"为此，蒙藏委员会商请国民党中央党部在中央政治学校另行添设蒙藏地方自治班，以收容原本保送中央大学的学生，最终获得了支持，避免了保送工作中途夭折"②。

1931年中央大学出台了变通的办法——《国立中央大学蒙藏班招生办法（1931年）》，改变原来独立的蒙藏班的做法"合格者根据其志愿插入各科系一年级肄业，不合格者依其程度插入中央大学实验学校高中部相当年级肄业，毕业后再免试升入大学。凡照本办法招收之学生，除在所在各科系随班听讲外，每周必须肄习蒙文或藏文三小时或四小时，其不肄习蒙藏文者，不得享受蒙藏班学生之待遇"③。毕业生在哪个科系毕业就发给这个科系的毕业证书，不另加蒙藏班字样。不加蒙藏班字样，以学生就读的科系为标准给予毕业文凭的规定其实把原定中央大学蒙藏班的大学预科性质改变成普通大学本科教育的性质。

1931年9月中央大学"实行添设蒙藏班，学额暂定四十名，费用由校供给，招生手续，由蒙藏地方政府招送"④。原定招生名额蒙藏各20名，共计40名，"1931年底，经过国语、蒙藏语文等科目测试，正式录取蒙藏学生三十九名，其中内蒙十九名、西藏六名、青海七名、西康七名，有十六名进入中央大学本科班学习"⑤。遗憾的是

---

① 《中央消息：蒙藏学校暂缓设立》，《湖北教育厅公报》1930年第11期（教育消息第9页）。
② 刘芳：《训政时期蒙藏委员会发展蒙藏教育实践初探》，《南京社会科学》2013年第7期。
③ 《国立中央大学蒙藏班招生办法（1931年）》，中国第二历史档案馆编《中华民国史档案资料汇编·第三辑·教育》，江苏古籍出版社1991年版，第837页。
④ 《中央大学添设蒙藏班》，《申报》1931年9月12日第2版。
⑤ 刘芳：《训政时期蒙藏委员会发展蒙藏教育实践初探》，《南京社会科学》2013年第7期。

1932年3月"中央大学却再次以经费不足为由，停办蒙藏班"①，原来的学生全部转到中央政治学校附设蒙藏班。

二 中央政治学校附设蒙藏学校

中央政治学校的前身是1927年创立的中央党务学校，1929年改称中央政治学校，是国民党培养政治干部的教育机构。"蒙藏学校之前身，为蒙藏及华侨特别班，附设于校内。至十九年十一月，添设蒙藏班聘请唐启宇先生为该班主任，租用曹都巷民房为班址。二十年冬，始迁移和平门外晓庄现址。"② 准确地说，1930年11月中央政治学校增设蒙藏班，1930年12月4日颁布了《中央政治学校附设蒙藏班组织规则》，明确了本校为养成边地实用人才，商承中央训练部设立蒙藏班，专收蒙藏、青海、新疆各地学生，由蒙藏委员会依照该会报送蒙藏学生来校考核录取。

中央政治学校蒙藏班班额暂定60人，甲组学制2年，招收中学或同等学校毕业生，乙组学制3年，招收初中肄业2年以上的学生。毕业后回边疆地区担任实地工作，有意愿继续深造者，可以考升国内大学或专门学校。因此，从其招生条件和毕业升学规定看，中央政治学校附设蒙藏班属于中等教育阶段。1931年10月，根据中央令，中央政治学校蒙藏班考录33名北平蒙藏学校毕业生和东北蒙旗师范失学学生。

虽然1930年完成了《国立南京蒙藏学校组织大纲》，但经费原因一直没能如期办理，1932年成立了筹备会，"推常务委员李培天、克兴额，处长陈敬修、巴文峻、罗桑坚赞，科长康作群、朱芸生等为筹

---

① 喻永庆:《南京国民政府初期蒙藏教育的推进考察——以中央政治学校附设蒙藏学校创办为中心》，《西藏大学学校》（社会科学版）2018年第2期。
② 《专载：十年史略：十年纪要》，《蒙藏学校校刊》1937年第22期。

备员，积极筹备"①。中央政治学校附设蒙藏班于"廿二年改为蒙藏学校，廿三年设边疆分校"②。最终在中央政治学校蒙藏班的基础上，1933年2月校务委员会议决正式成立了南京蒙藏学校，附设在中央政治学校，聘何玉书先生为该校主任，力主创办者和创办缘由从其第一年录取生青锋的回忆录中可见一斑。

> 蒙藏班的主任姓何名玉书，他是国民党中的先进同志。此时适值东北沦亡，"开发西北"高唱入云的时候，他想开发边疆，必须边疆人自己来开发，才能收效宏大，而且开发边疆又必须造成真正开发边疆的人才，以发展边疆教育作中心，因此他便决心扩大蒙藏班的组织。他的计划已经得到中央的允许，为了从基本着手，决定续招高中、初中的蒙藏青年。同时扩充校舍，派员到绥远、西康、青海、热河一带去招生，于是蒙藏学校便在"中央政校附设之下"，于民国二十二年暑假诞生了。③

1933年中央政治学校附设蒙藏学校在原来的两个蒙、藏班基础上加设高中一个班，初中两个班，"昨派招生委员会周异斌赴绥远，张震临赴青海，张蓬舟赴四川，其录取名额亦已规定，计绥远取三十名，青海取五十名，四川取四十名"④，五个班学生共计200余人。

1934年春，中央政治学校附设蒙藏学校招收了50人的初中班，同年开始初中部招生主要委托各地办理的分校，如包头分校、西康分校和西宁分校，师资由南京蒙藏学校的蒙藏班毕业生充当。据1935年10月

---

① 《筹备南京蒙藏学校》，《蒙藏旬报》1932年第4卷第3期。
② 陈霞飞：《本校的过去十年与将来十年》，《蒙藏学校校刊》1937年第22期。
③ 青锋：《南京晓庄蒙藏学校学生生活》，《现代青年》（北平）1936年第2期。
④ 《蒙藏时闻：蒙藏教育之设施》，《蒙藏旬刊》1933年第57期。

第五章　国民政府时期蒙古族高等院校学科建制　/　137

22日国民政府训令（第797号）："查中央政治学校，督饬蒙藏学校，筹设边疆学校九所，于二十三年度先行成立包头、康定、西宁三校，每校各办简易师范及小学各一班，开办临时费四万五千九百四十五元，系在二十二年度内专案核拨。"①1934年中央政治学校附设蒙藏学校已经设立了三所分校，起初它们主要是办理小学和初中教育。

1934年秋季中央政治学校附设蒙藏学校又招生四个班，分别是普通科、畜牧科、卫生科和师范科，均属于高中部，预计每班40余人。实际通过在包头、张家口、西宁、康定四处录取高中学生总数为94人，其中"包头张家口考取者合计三十二人，西宁考取者五十二人，康定考取者十人，除西宁有女生三人外除均男生。"②上述新生均在1934年9月到校报到。

1935年6月14日，蒙藏学校主任何书玉申请"拟于本年度秋季各部学级暂停招生一年，领行设置新疆维回班"③，经中央第174次会议议决通过。"中央为便利回民求学及谋一劳永逸计，特制定晓庄蒙藏学校（记者接，系南京中央政治学校附设蒙藏学校）于下学年度第一学期起，添办回民班。"④因此，1935年秋季蒙藏学校特意设置了回民班，其他班级一律停招一年。同年暑假在兰州增设一所分校，并将"上海私立蒙藏学校归并中央政治学校附设蒙藏学校，补助该校结束费陆仟元"⑤，该年度全校学生达到400余人。至此中央政治学校附

---

①《令行政院、监察院、本府主计处：中央政治会议函为核定中央政治学校附设蒙藏学校边疆三分校二十四年度经常费及添班临时费概算案令仰转饬遵照由》，《国民政府公报》1935年第1878号，第25页。

②《校闻：蒙藏学校新生到齐共计男生九十一人女生三人》，《中央政治学校校刊》1934年第80期。

③《关于附设蒙藏学校暂停招生一年另设新疆缠回班及仍照上年度原额支领经常费一案经中央第一七四次常会通过》，《中央党务月刊》1935年第83期。

④ 穆建业：《蒙藏学校添设回民班》，《突崛》1935年第2卷第9期。

⑤《国民政府训令：第七二〇号（二十四年九月二十四日）·令行政院、监察院、本府主计处：中央政治会议函为上海私立蒙藏学校归并中央政治学校附设蒙藏学校请拨发补助该校结束费令仰转饬遵照由》，《国民政府公报》1935年第1855号，第5页。

设蒙藏学校在办学层次上一直属于中等教育层次。

三 南京蒙藏学校专修科（1936—1940）

南京蒙藏学校就是中央政治学校附设蒙藏学校，陶行知先生创办的晓庄师范学校被查封后，中央政治学校收回其校址，并将蒙藏班两班迁移到晓庄，因此该校也被称为南京晓庄蒙藏学校。从1933年8月招生蒙藏学生以来南京蒙藏学校一直属于中等教育性质，1936年秋季开始招生专修科学生后其办学水平提升到了高等专科教育层次。

图5-2 中央政治学校附设蒙藏学校1937年时的新教室[①]

筹备时候的南京蒙藏学校早有办理高等专科教育的设想，据1930

---

① 《中央政治学校附设蒙藏学校参观记（附照片）》，《学校新闻》1937年第55期。

年《国立南京蒙藏学校组织大纲》规定，本校设置专修班、中学班、训政人员养成班、蒙藏事务研究班和补习班，其中"专修班按蒙藏目前实际上之需要先行开办法政、经济、教育三班，以后陆续添设农林、牧畜、工商等班，其修业年限均定为二年，专修班以高级中学毕业或具有同等学力者为合格"①。从其招生层次上看，专修班属于高等教育层次，按照大纲规定专修班开办法政、经济、教育三个学科门类，以后陆续增设农林、畜牧、工商等专业。

如前所述南京蒙藏学校起初只招了高中、初中和补习班，因此属于中等教育层次。关于高等专科教育层次，《蒙藏学校校刊》1937年第22期记载："至去年蒙藏学校中，又设立专修部，分师范及语言二专修科。校内学生有三百余人，均来自东四省、蒙古、康藏及青海等地，可谓边疆教育最高学府。"②

1936年9月增设的师范专修科不同于此前高中部的师范、畜牧、卫生科，教育层次上不属于中等职业教育，"师范专修科学生由本期高中毕业生升入"③。很明显1936年增设的师范专修科属于国民政府时期的高等专科教育层次，学科门类上可以规划到教育学科门类中。当时的师范专修科分为文、理两组，文组注重国文、历史、地理等科；理组注重算学、物理、化学等科，学制2年。

据《中央政治学校校刊》1936年第114期第12页专载的《中国国民党中央政治学校附设蒙藏学校师范专修科暂行简则》，师范专修科的培养目标是边疆中等学校师资及地方教育行政人员，学生毕业后由学校分配到边疆服务，不得自由择业，学生所有费用免费。因此，该校师范专修科完全匹配高等师范院校的人才培养定位，并且属于免

---

① 《国立南京蒙藏学校组织大纲》，《西藏班禅驻京办公处月刊》1930年第3期。
② 《校园：十年来中央政校的贡献》，《蒙藏学校校刊》1937年第22期。
③ 《校闻：蒙藏学校增设专修科》，《中央政治学校校刊》1936年第113期。

费定向培养的封闭高等师范专科教育体系。

语言专修科当时主要是蒙回文专修科，学习者多属于边疆各地考取来的汉族子弟，真正的蒙、藏、回族子弟并不多。"'蒙藏回语文专修科'这个名词，任何人一听到便会觉得有点别致；外国不用说，就是在国内的专科以上学校我相信找不出这一系……它的诞生期间是民国二十五年九月一号。……我们今天能有机会与二百多个不远万里而来的边疆同学聚首……我们在这儿的时间仅仅只有二年，我们的功课不用说是蒙回文（没有选藏文的），就普通情形来说，以每星期六点钟的时间想在二年中学会一种文字是很不容易的事情……我们是将来沟通内地与边疆文化的开路先锋，我们的使命和责任是'五族共和''复兴民族'"[①]。

第一届专修科学生除了蒙藏学校高中部毕业生之外，从边省考取的学生有 6 人，分别是"鄂谦、李荫国、李树泽、于锦隆、刘铎、王建明"[②]。1937 年专修科新生中"高中普通科学生拟升入该校专修科再求深造"[③]。南京蒙藏学校专修科招生三年后，"1940 年 7 月第 3 期毕业而停办，总共毕业人数只有 49 人"[④]。

四 国立边疆学校师范专修科（1941—1949）

关于国立边疆学校的称谓，在现代教育文献中既可以是泛指也可以是特指。泛指的是"抗战时期国民政府中央教育部在边疆民族地区增设创办并逐步成型的一套较为完整的国立边疆学校系统，涵盖从初

---

① 老表：《我们的欣幸与期待》，《蒙藏学校校刊》1937 年第 23 期。
② 《校闻：蒙藏学校招考新生》，《中央政治学校校刊》1936 年第 115 期。
③ 《校闻：蒙藏学校高中部各科三年级学生本学期毕业》，《中央政治学校校刊》1937 年第 127 期。
④ 喻永庆：《民国时期南京蒙藏学校办学考释》，《贵州民族研究》2018 年第 3 期。

等教育到高等教育,包括小学、中学、师范学校、职业学校和高等学校在内的、各类国立边疆学校"①。特指的是南京蒙藏学校,1941年后改称"国立边疆学校",并且保留了其高等专科教育性质。显然,外延上特指的"国立边疆学校"从属于泛指的国立边疆学校系统,本书研究的国立边疆学校是特指的一所高等专科院校。

据《教育通讯(汉口)》1942年第5卷第4期《国立边疆学校近讯》记载,南京蒙藏学校在1941年8月改称国立边疆学校,教育部派王衍康为代理校长,随着抗日战争的全面爆发,学校随南京国民政府迁至重庆南温泉附近的界石场。抗日战争胜利后1946年5月国立边疆学校离开重庆,因南京原校址被毁,在6月份分到达无锡的梅园和荣巷继续办学,1947年9月迁回南京,"在南京光华门外石门坎的东首,竖立着一群新建的三层楼洋房,这就是国立边疆学校"②。

(一)蒙古族高等师范专科教育的推进

国立边疆学校是国立南京蒙藏学校的延续,由于抗日战争导致高校内迁,国立边疆学校也从南京搬迁至重庆。校名也由南京(晓庄)蒙藏学校更名为边疆学校,更名是由于南京蒙藏学校招收了蒙、藏学生之外的回民等多民族学生的多元化特色所至。"该校现时所收学生除蒙藏子弟外,尚有回族等子弟,用蒙藏学校名称,不足以概括其他民族,应改为边疆学校,并将原由中央政治学校管理之兰州、西宁、康定、包头、大理各分校划归该校管辖,定名为边疆学校兰州、西宁、康定、包头、大理分校,以明系统,而符名实。"③

基于原来国立南京蒙藏学校的专修科,国立边疆学校从一开始就

---

① 王景、张学强:《抗战时期国立边疆学校的创办及其意义》,《贵州民族研究》2014年第2期。
② 竹心:《介绍国立边疆学校》,《天山月刊》1948年第2期。
③ 《教育消息:蒙藏学校改称边疆学校》,《教育通讯》(汉口)1939年第2卷第32期。

属于高等专科教育层次。民国教育文献中国立边疆各级学校其实不少，均由1939年以后创办或改办而成，截至1945年夏季，教育部统计的国立边疆小学有24所，国立边疆师范学校12所，国立边疆职业学校9所。真正属于高等教育阶段的国立边疆专科学校只有两所："国立边疆学校与国立海疆学校，均为师范专科性质。"[①] 前者主要培养边疆地区中学师资，后者主要培养台湾及近海一带侨胞学校的师资及商业人才，各有侧重，互补并存。

国立边疆学校属于高等师范专科教育，主要设置了师范专修科和研究部，"国立边疆学校校中组织全按专科学校编制，分三处九组，又增设研究部，为适应边疆师资需要，复增设师范专修科"[②]。按照教育部颁布独立学院或专科学校行政组织补充要点，国立边疆学校也设立了教务、训导和总务三处，教务处分设注册、出版等组及图书馆，训导处分设生活指导、军属管理、体育卫生等组，总务处分设文书、庶务等组。师范专修科当时设置了两种学制，第一类为两年制的师范科，第二类为五年制的师范科。通常两年制师范科招收高中毕业生，属于真正的高等师范专科教育，五年制师范科招收初中毕业生，涵盖了中等师范和高等师范教育，虽然起点低，但从学制年限的延长来看，其毕业生还属于高等师范专科教育层次。

根据1942年国立边疆学校的招生计划，招收五年制师范专科生100名，分文、理两组，两年制师范科重点完成在职培训，"由部调训现任边疆中等学校不合格教师五十名，由该校负责训练，期间暂定二年"[③]，招生人数的一半从边疆地区保送，一半由有志于边疆事务的

---

① 《抗战期间的中国教育（1937—1945年）》，中国第二历史档案馆编《中华民国史档案资料汇编·第五辑·第二编·教育》（一），江苏古籍出版社1997年版，第333页。
② 竹心：《介绍国立边疆学校》，《天山月刊》1948年第2期。
③ 《教育消息：国立边疆学校近讯》，《教育通讯》（汉口）1942年第5卷第4期。

内地青年构成，待遇与当时师范生相同。"1943年9月，两年制师专停招。"①五年制师范专修科重点培养边疆地区中学师资，两年制师范专修科是对中学在职教师的继续教育，最终目的都有助于边地基础教育师资建设和教育事业发展，归根到底是发展民族文化素养和社会建设能力。

据教育部1945年国立专科以上学校教职员统计中，国立边疆学校教授2人，副教授8人，讲师27人，助教4人，总计教员41人。1947年《全国国立专科以上学校概况简表》统计，国立边疆学校班级数10个，学生总数263名，其中男生246名，女生17名，教职员共计103人，其中教员56人，职员47人。②从重庆迁回南京后，学校经历了一段教授解聘风潮，但总体趋势上教员数量有所增加，学校也为发展成为独立学院或大学做了一些准备。

（二）高等教育与基础教育一体化特色

国立边疆学校虽然总体上定调为高等师范专科学校，但并不属于纯粹的高等教育机构，从其1942年的招生计划中可见，拟招收大学先修班，高中预备班，初中预备班各一班，专收蒙、藏、回及边疆各省青年。所有招生以保送为原则，由教育部定名额，分电各蒙旗政府、西藏办事处及各国立边疆中等学校保送。国立边疆学校既是当时全国边疆最高学府又是基础教育和高等教育一体化的特色机构。

> 这所学校，是全国边疆最高教育的学府，为了有连贯的系统起见，里面的程度是自小学安排到大学，而这里的学生呢，大部分来自甘肃、宁夏、青海、西康、新疆、蒙古、绥远、云南、贵

---

① 喻永庆：《民国时期南京蒙藏学校办学考释》，《贵州民族研究》2018年第3期。
② 《全国国立专科以上学校概况简表》，中国第二历史档案馆编《中华民国史档案资料汇编·第五辑·第三编·教育》（一），江苏古籍出版社2000年版，第617页。

州以及热河、察哈尔诸省，和少数的来自沿海如江、浙一带的同学，这里的情形正好与普通一般的学校成相反的现象。①

抗战胜利后，国立边疆学校从重庆经过无锡，最终迁回南京。"国立边疆学校为中央培植边疆青年之专科学府，顷已由渝复员还都，教育部新聘任蒙藏委员会孔庆宗博士为该校校长，孔氏乃国内知名之边疆专家。"②孔校长在掌管国立边疆学校后因教授解聘问题而引起了老师们的不满，"解聘旧教授达四分之三之多，渝锡两地被解聘者共达六十余人"③。该行为引起关注，也被认定为违反复员法令，被解聘职员，推举代表向教育部请愿，希望主张公道。

国立边疆学校专门为培养边疆地区干部人才和师资而设立，曾在1948年5月申请改办为大学或学院，"十日下午三时，赴教部请愿，要求改制，当由边教司凌司长，司长说明要点如下：（一）国立边疆学校，于复员后等于彻底重建之学校，校舍设备及教学方面，均尚待充实改善，全校员生应与学校当局努力合作，共谋学校之改进。（二）以罢课要挟改制，实属不智之举，在此情形之下，不仅改制为不可能，即有所改进，亦无从谈起，希郑重转告在校同学，迅即复课安定秩序，幸勿自误业学"④。

国立边疆学校改制其实就想提高原来的专科教育水平，升格为大学或独立学院，打算从1948年起，将原来的五年制师范科文理组改为文理两科，文科第四年分为语文和史地两组，理科第四年分为数理

---

① 秋云：《国立边疆学校在梅园》，《进刊》1946年第1期。
② 《国立边疆学校孔庆宗任校长》，《和平日报》1946年7月15日第4版。
③ 《国立边疆学校解聘教授》，《中华时报》1946年8月17日第2版。
④ 《国立边疆学校要求改制代表赴教部请愿》，《益世报》（上海）1948年5月11日第2版。

化和博物两组，并打算从下学年开始恢复两年制师范。"至文理两科课程，除基本学科及专门学科外，仍以教育学科为必修科目，并酌增农牧、医药、卫生等常识课程为选修科目。"① 规定前三年为基础课程，后两年为基本训练，并与两年文理科衔接。最终结果国立边疆学校未能如愿以偿升格为独立学院或大学，正如边教司长所言，就国立边疆学校当时的教育教学实况来看，的确不符合升格的条件。

第三节 蒙藏政治训练班的边政学科建制雏形

蒙藏政治训练班的前身是蒙藏委员会的喇嘛职业学校。"北平喇嘛职业学校，前以经费困难，校务停顿，曾经蒙藏委员会决议，改组为蒙藏训练班，惟字筹备以来，拟定规则，修理校舍，定制校具，费时两月，一切始告就绪，并将该班名称改为蒙藏委员会蒙藏政治训练班。"② 1933年7月蒙藏委员会正式停办原来的喇嘛职业学校，改办为蒙藏政治训练班，培养和造就办理蒙藏事务的干部人才。班址选在南京道署街，1933年9月4日举办开学典礼，5日正式开课，班主任魏炯光，学生40名。

一 特殊的民族高等教育

蒙藏委员会主办的蒙藏政治训练班，从其建制上看似乎不是一所学校，但从其以高中毕业生为招生对象，传授高级专门学问的定位看，又符合了国民政府时期高等教育的性质。那么，蒙藏政治训练班

---

① 《充实国立边疆学校》，《教育通讯》1948年第3期。
② 《教育之振兴蒙藏政治训练班之设立》，《中国国民党指导下之政治成绩统计》1933年第7期。

到底对应大学、独立学院和专科教育的哪一类呢？显然只能归属于高等专科教育层次。首先，蒙藏政治训练班没有三个以上学科门类，自然不属于大学层次；其次，其学科门类不仅少于三个，学制年限还达不到4—5年的独立学院要求，所以它也不是独立学院。因此从蒙藏政治训练班的三年学制和高中毕业或大学预科毕业的招生对象以及培养处理边疆事务的高级干部人才的目标定位上，可以将其认定为特殊历史时期的一种特殊高等专科教育机构。

从蒙藏政治训练班的招生对象上，似乎不能直接认定它是一所蒙古族或藏族高等院校，毕竟它的招生不同于南京蒙藏学校和北平蒙藏学校有明确的蒙古族和藏族学生的招生比例。蒙藏政治训练班当时没有明确提出蒙藏学生的招生比例，甚至对招收学生的民族不受限制，凡是内地以及各地符合条件的有志于边疆事务、服务于边疆的青年均可报考。

从第一班毕业生籍贯统计来看，1935年毕业生中没有一位是内蒙古的生源，"蒙藏委员会附设之蒙藏政治训练班，第一期毕业生四十一人，其籍贯计：四川一人，江苏九人，山东三人，江西三人，浙江三人，湖南三人，广东二人，福建二人，云南二人，辽宁一人，河南一人，南京一人"[①]。虽然无从考证各地学生中有没有蒙古族学生，但有一点是很清楚的，不论他们的民族属性是什么，来到蒙藏政治训练班学习的科目必然有蒙文、蒙语、藏文、藏语，毕业考试中上述四门也是必考科目，并且毕业后主要分派到边疆各地成为边政建设人才。因此，从蒙藏政治训练班毕业去向和服务指向上看，其重点还是为内蒙古和康藏地区的建设服务，从人才培养取向上可以将其归为特殊的蒙藏高等教育。

---

① 《蒙藏政治训练班学生籍贯之统计》，《中国国民党指导下之政治成绩统计》1935年第6期。

二　边政学科建制

全面抗日战争爆发后，边疆研究引起了整个社会的广泛关注，部分高校开始设置边疆文化教育建设科目或讲座，以西方的民族学、社会学、人类学、宗教学等学科来深入调查研究中国边疆地区宗教、文化、教育、社会、政治、经济建设的学科营运而生。近现代史研究中"边政学"一词较为贴切地对应这样一种新兴学科。"边政本科"一词最早见于北京法政专门学校文本中，"三年七月高等筹边学校归并本校，特设边政本科一班"①。当时的边政科特指筹边高等学校停办后转送到北京法政专门学校一个"班"的特殊称谓，突出其人才培养对边疆建设的指向性，并不是一个学科的指称。

作为一门学科的边政学到底何时如何建制，的确没有统一定论，边政本科一词出现于民国初期，边政学会出现在20世纪30年代初，到了20世纪40年代大学里出现了边政学系等。现有研究认为，"边政学的兴起是政学两界共同倡导的结果。新亚细亚学会和中国边政学会都是官方主导的学界广泛参与的学术团体。前者于1932年5月召开成立大会，戴季陶、张继、马福祥等政府要员与会。中国边政学会成立于1941年，由蒙藏委员会委员长吴忠信担任理事长"②。当然，学科建制不仅表现为相应学科学会的成立，也可以是高等教育机构中相应院系的创设，还可以是专门学科研究机构的成立以及独立图书出版机构的建立。本书主要从高等院校学科建制的视角审视边政学科的发展脉络，重点了解蒙藏政治训练班在边政学科建制中做出的努力和

---

① 《北京法政专门学校沿革志略》，潘懋元、刘海峰《中国近代教育史资料汇编·高等教育》，上海教育出版社2007年版，第487页。
② 汪洪亮：《抗战时期边政学的兴起及其"学科性"》，《西南民族大学学报》（人文社会科学版）2014年第6期。

贡献。

(一) 蒙藏政治训练班的边疆文化教育科目及其研究

蒙藏委员会黄慕松委员长在1936年时有意将蒙藏政治训练班升格为"边政大学",一个"班"升格为一所"大学"实属不易,但名称改动中不难理解蒙藏政治训练班这么一所特殊的高等教育机构的学科取向。虽然它没有采用过边政学系的明确表述,但从边政大学预设的蒙文、藏文、回文三个学系也可以判断其边政学主要指向蒙、藏、回三个民族建设和发展的问题。因此,在高等院校边政学科建制的历史沿革中,蒙藏政治训练班被认定为边政学科建制的雏形,其边疆文化教育科目及其研究为边政学科的建构和发展奠定了重要基础。

1933年9月蒙藏政治训练班开班,以学习蒙文、蒙语、藏文、藏语和边疆历史地理和边疆政策为主,介绍边疆政治、经济、文化实际情况,促进边疆建设为第一要义。第一期学生正额生40名,额外生若干名。根据《蒙藏政治训练班额外生规则》[①]规定,额外生特指蒙藏委员会特选派自己委任的4—8名职员,随蒙藏政治训练班肄业,有志于服务边疆的青年公务员,名誉上类似于正式生之外的在职学生。在学习期间额外生还享受蒙藏委员会的工资报酬待遇,但食宿零用消费需要自理。然而在学习和组织纪律各方面与正额生一样待遇,不遵循相关规章制度也会受到相应的纪律处分。有种特殊情况就是正额生缺额时,由成绩优良的额外生充任,也就是说额外生可以转正为正式生,一切待遇与正额生相同。

1933年第一期政治训练班开办之际,"曾奉派学习书记王玺、郭世荣、彭君浦、金铭、黄正中、左仁极、周郁膏等到班,为额外生"[②]。

---

① 《蒙藏政治训练班额外生规则》,《蒙藏旬刊》1933年第65期。
② 《指令:总字第二三零号(二十四年六月十四日)》,《蒙藏月报》1935年第3卷第4期。

由于正额生因事出缺，将王玺、彭君浦、左仁极、周郇膏四名选为正额生，一体毕业授证。额外生考试不及格时有一次补考机会，还不合格就送回蒙藏委员会给予处分。毕业考试合格后发给毕业证书，由蒙藏委员会根据成绩优劣酌情给予晋级或晋等。郭世荣因久病被开除学籍，并给予免职处分。金铭和黄正中成绩及格，发给毕业证书。

1935年6月进行了第一期学生毕业考试，分别考试蒙文、蒙语、藏文、藏语、军训和公文筹边政策六个科目。1935年7月第一期政治训练班学生毕业，"计有学生四十一名，内分蒙文藏文两班，蒙文班十七名，藏文班二十四名，除留会分配任用二十一名外，计分发各附属机关者七名，介绍边区省政府工作者十三名"①。按照培养目标分派到了蒙藏各地服务，时任蒙藏委员会委员长黄慕松，蒙藏政治训练班代理班主任陈敬修。

第一期政治训练班毕业后招收第二期，并把学习年限延长至3年，更加符合高等专科教育的性质，"以上二期学生，除学习中国边疆史地等科外，均学习蒙藏语文"②。1935年7月17日，蒙藏委员会第373号训令，公布了《蒙藏政治训练班招生简章》，③规定第二期政治训练班招生名额40名，报考资格为高级中学毕业或大学预科毕业的18—25岁间体格健壮的男子，明确规定不招收女生。主考科目有党义，国文，英文，俄文，日文中任选一种外语，数学，理化，中外史地，考试日期为8月8日起，入学日期为9月2日报到，9月5日开学。此次招生简章明确规定学制年限为3年，在第一期2年的基

---

① 《蒙藏政治训练班毕业生之分发见习》，《中国国民党指导下之政治成绩统计》1935年第6期。
② 《边疆时事：蒙藏委员会消息一束》，《蒙藏月报》1936年第6卷第1期。
③ 《训令：总字第三七三号（二十四年七月十七日）：令蒙藏政治训练班：蒙藏委员会蒙藏政治训练班招生简章》，《蒙藏月报》1935年第3卷第5期。

础上延续了1年，更符合国民政府教育部专科教育条件。

为了开发西北，与回民关系日益密切，需要训练通晓回文人才，1936年添招回文学生。事实上第三期蒙藏政治训练班招生的确不是蒙藏班，而是回文班，据1936年9月9日第4421号指令，"本期学生，专在培植回文人才，以便将来派赴新疆南部服务，该地居民笃信回教，与佛教无关，倘欲使本期学生亦通晓服务地之宗教，则加授回教概论一科，较合实际之用，仰即遵照办理"[1]。第三期政治训练班招收回文班26名，专门学习回文、回语，学制仍旧为三年，培养办理回疆事务通晓回文、回语的干部人才。

"张少微认为中国边疆地域在社会形态上可以分为蒙民社会、藏民社会、回民社会和苗民社会等四类"[2]。然而蒙藏政治训练班就开设了边疆地域中最为重要的蒙、藏、回族语言文字课程以及相应的边地历史地理等科目，民族语言文字的学习本身就是边政学最为突出的特点，因此，蒙藏政治训练班一定意义上的确可以代表边政学科建制雏形。

蒙藏政治训练班不仅开设了边疆文化教育科目，还开展了较为系统的边疆文化教育研究。该班办理的《蒙藏政治训练班季刊》分研究、文艺、译述、专载等几个栏目，研究栏目重点刊载党义研究论文、国文研究论文、经济政策研究论文、边疆地理研究论文、国民政府边疆政策研究论文等，专载刊登的是边政问题专题论文，涉及内蒙古自治和西藏政制等很多敏感的边疆政策建设主题，如王克训的《内蒙自治问题之面面观》《评蒙古自治》《西康问题的检讨与今后之对策》等论文，系统介绍了边疆建设方方面面的问题。

---

[1]《指令：总字第四四二一号（二十五年九月九日）》，《蒙藏月报》1936年第5卷第6期。
[2] 汪洪亮：《抗战时期边政学的兴起及其"学科性"》，《西南民族大学学报》（人文社会科学版）2014年第6期。

基于上述一系列边疆文化教育建设研究的举措，1936年时任蒙藏委员会委员长的黄慕松曾有意愿将蒙藏政治训练班升格为"边政大学"。他认为"以该班设立之宗旨，既为发展边政，仅有蒙藏文而无回文，殊不健全，爰经商准教育部将该班改为边政大学，并添设回文一班，内部改设蒙藏回文各一系，原定本年度招回文生，改组正式成立边政大学，讵此议正在计划，黄委员长又于日前奉命主粤，致将此议暂时搁置，新任委员长吴氏抵任后是否对此议赓续进行，尚不可知"①。吴氏全名吴忠信，是接任黄慕松的蒙藏委员会委员长，从1937年3月17日第1320号训令："令蒙藏政治训练班"的表述来看，该班没能按照黄委员长的意愿升格为边政大学。

（二）1939年后多所大学开设的边疆建设讲座

全面抗战后，国防问题更是成为重中之重，国民政府教育部认识到边疆建设是关系国防建设的重要层面，为此令全国各大学增设边疆问题课程或兴办边疆建设问题讲座，以期青年对国家边情有深切认识。"有计划的边疆研究工作，始于一九三九年补助五个大学经费，设置边疆建设科目及讲座。"② 这也算是最早期关于边疆文化教育研究建制的雏形。

当时教育部指定的办理边疆建设科目或讲座的高校③有国立高等院校五所和私立大学两所。其中国立大学分别是国立云南大学开设夷民教育文化、国立中山大学的黎民教育文化、国立贵州大学的苗民教育文化、国立浙江大学的台湾教育文化和东北教育文化、国立西北师范学院的蒙回教育文化，私立大学分别是私立华西协和大学的康藏政

---

① 《蒙藏政治训练班将改立为边政大学（南京通讯）》，《人道月刊》1936年第2卷第4期。
② 《战期间的中国教育（1937—1945年）》，中国第二历史档案馆编《中华民国史档案资料汇编·第五辑·第二编·教育》（一），江苏古籍出版社1997年版，第334页。
③ 《教育与文化：云大等校设置边疆建设科目》，《教育通讯》（汉口）1946年第9期（复刊1），第19页。

教制度和私立金陵大学的藏民教育。各个高校针对自己民族研究特色开展相关边疆文化教育研究项目，与蒙古族边疆文化教育直接关联的是国立西北师范学院的蒙回教育文化科目或讲座。

大夏大学在1943年"添开有关边疆问题课程外，本学期并拟具计划，准备举办边疆建设讲座及边疆问题研究中心工作，呈部核准"[1]。大夏大学是创办于1924年的私立大学，抗战时期，该校于1938年申请改为国立大学，经教育部批准后，改为国立贵州大学。因此，国立贵州大学在1939年设置了"苗民教育文化"讲座后，1943年度的研究问题是"贵州氏族文物研究"，并明确规定了关于边疆建设讲座是由学校延聘专家演讲，每一个讲座定为两个小时，讲座劳务费为两万元。

除了上述各大学开设的边疆建设讲座之外，汪洪亮学者在《抗战时期边政学的兴起及其"学科性"》一文中详细考证了各大学边政学系的历史沿革，认为最早以"边政"为名设置学系的是1931年的私立朝阳大学和1933年的东北大学，1944年中央大学和西北大学的边政学系较为系统完整的建制，不仅其课程设置充实，而且教师队伍齐整。作为中国近现代历史中出现的特色学科，"边政学在抗战时期勃然兴起、战后国共内争白热化形势下的衰落及1952年高校院系调整后在中国大陆的中辍"[2]。

第四节　国立北平蒙藏学校高等教育阶段的学科建制

国立北平蒙藏学校的前身是民初北京蒙藏学校，1918—1927年成

---

[1]《校闻：举办边疆建设讲座》，《大夏周报》1943年第19卷第8期。
[2] 汪洪亮：《抗战时期边政学的兴起及其"学科性"》，《西南民族大学学报》（人文社会科学版）2014年第6期。

为蒙藏专门学校,"国立北平蒙藏学校,在前蒙藏院时代为一专科学校,办理逾十余年,十八年蒙藏院改组为蒙藏委员会,以经费困难,停办专科,改为中等学校编制"[1],1929年复办后改为蒙藏委员会北平蒙藏学校,办学性质上变成了中等教育机构,1937年改回北京蒙藏学校,抗战胜利后又改称国立北平蒙藏学校,直到1948年才办起来高等教育性质的师范专修科。

一 复办后国立北平蒙藏学校概况

1929年7月19日蒙藏委员会会令:"蒙藏专门学校业经本会改组为国立蒙藏学校,委任该员为校长以便负责整顿并由本会推定张豫和熊耀文等五人拟具该校组织大纲。"[2] 9月正式更名为蒙藏委员会北平蒙藏学校,新任校长为雅楞丕勒。雅楞丕勒校长执掌时期出现了严重的学生风潮,"窥其起因,一方面由于旧日学生之积习太深,诚恐一旦因改革而影响及于前途,一方系因新校长雅楞丕勒任用新职员之故,目下雅氏为贯彻改革之初衷计,实行不合作之手段,因原校址被旧生占据乃在锦什坊街另觅新校址,招生三十余人,实行开学。同时旧学生六十余人亦就旧校址上课,故一时呈对立之势"[3]。9月底,蒙藏委员会派张豫和赴北平协助当地办事处查办学校纠纷,平息了风潮。

《国立北平蒙藏学校组织大纲》(1929年)规定学校以培植蒙藏学生升入各级学校为宗旨。显然没有以专门人才的培养为宗旨,而是以为高一级院校输送合格生源为宗旨,分设中学科和补习科。前者以升入大学及专科学校为目的采取四二制,后者以升入中学为目的。根

---

[1] 《北平蒙藏学校先成立师专科》,《和平日报》1948年4月9日第2版。
[2] 《会令(中华民国十八年七月十九日).令蒙藏学校;为钞发国立蒙藏学校组织大纲仰遵办由》,《蒙藏委员会公报》1929年第5—6期。
[3] 《蒙藏学校风潮》,《民国日报》1929年9月19日第13版。

据实际需要增设了师范速成班、自治讲习班、蒙藏文专修班（为内地学生习蒙藏文而设）和职业班。从其复办后的情形看，当时的北平蒙藏学校办学性质上属于中等教育机构，已经不是之前的高等专科教育机构，但在1932年时校方曾建议"北平蒙藏学校的内部组织，是学院性质，但名称还是学校。蒙藏委员会为求名称和实质要符合，所以由常会议决，该学校为学院"①。从近代影像记录看，1935年留存有蒙藏学校预科第一班摄影，其内部组织仍有学院性质（见图5-3）。

图5-3 蒙藏学校预科第一班全体学生与姚敬斋先生合影②

1937年国立北平蒙藏学校改名为北京蒙藏学校，1943年7月24

---

① 《北平蒙藏学校》，《蒙藏旬报》1932年第2卷第2期。
② 《蒙藏学校预科第一班全体学生与姚敬斋先生合影》，《新蒙古》1935年第3卷第1期。

日内务总署修正公布了《国立北京蒙藏学校组织规则》，第一条明确了本校定名为国立北京蒙藏学校，根本宗旨是培养蒙藏初中毕业生，隶属于内务总署，设置初中班和补习班，预计名额150人。① 至此，国立北京蒙藏学校虽然努力恢复之前的高等教育性质，但事实上一直处在中等教育水平。

二 国立北平蒙藏学校师范专修科

抗战胜利后南京政府教育部接管和办理国立北京蒙藏学校，复名国立北平蒙藏学校，当时相关人士请求教育部办理高等教育事宜，1946年年底，"（三十五年底）北平行辕李主任宗人建议改隶教部时，曾请改为学院或专科学校，蒙旗人士亦纷纷作同样请求，当时教部以接办未久，内部尚待整饬，未允遽予扩充"②。一年后，教育部计划将国立北平蒙藏学校改为国立蒙藏学院，希望学校充实整顿尽快实现大学升格的问题，"现该校为中学性质，学生333人，中蒙生115人，藏生18人，汉族学生100人。蒙藏子弟多为贵族包送，汉生则系边政人员子弟。教部为予边疆青年以深造机会，并从事培植边疆干部，已计划在短期内将该校改为专科性质之蒙藏学院"③。

据《边疆通讯》1947年第4卷第6期第29页《边政一月简志（四月廿日至五月廿日）》记载，国立蒙藏学校1948年设专修部，蒙藏学校1947年5月8日起改称国立，"校长陈克孚今晨赴该校办理接交，据称教育部已拟二亿五千万元为修建费，"④ 明年将筹设专修部，

---

① 《内署：内务总署法规国立北京蒙藏学校组织守则（三十二年七月二十四日内务总署修正公布）》，《华北政务委员会公报》1943年第236期。
② 《教育与文化：北平蒙藏学校准恢复专科》，《教育通讯》（汉口）1948年第5期（复刊5），第34页。
③ 《边政短信：国立蒙藏学院短期内改组成立》，《蒙藏月报》1947年第19卷第5期。
④ 《蒙藏学校改称国立蒙藏学校》，《和平日报》1947年5月8日第4版。

造就边疆人才。

1948年春"现该校中学基础已经牢固,且就蒙旗教育发展状况,亦确有恢复专科的必要,特饬该校积极筹备,先成立师范专修科,俟办理具有成绩,再添课扩展"①。同年9月,国立北平蒙藏学校开始招收两年制师范专科,"使成为中国北部边疆教育的中心"②。1949年4月4日,新的人民政府正式接管,1949年11月正式归属中央人民政府教育部领导,改称国立北京蒙藏学校,1950年9月改为北京蒙藏学校,1951年6月改为中央民族学院附属中学。

第五节 国立边疆文化教育馆的研究建制

学科建制的概念广义上不仅包括高等教育机构中的学科组织机构,还包括高等教育机构之外的学会、专门研究机构和图书资料中心。然而研究机构代表的学科建制不仅是设立在大学里的研究院、所、室,也可以是独立于大学之外的专门的研究机构。因此,大学研究院所和独立建制的学科研究机构也归属于学科建制范畴。

一 大学章程规定的大学研究院所建制

1904年《奏定大学堂章程》提出的通儒院属于中国大学最早设想的研究机构。"通儒院,可以算是一种研究学术的机关。但这是法国法兰西学院英国皇家学院的成例,专备少数宿学,极深研几,不是多数学者所能加入的。"③1912年《大学令》规定,大学为研究学术之蕴奥,设大学院,《大学规程》进一步规定,大学研究院以它所研

---

① 《北平蒙藏学校先成立师专科》,《和平日报》1948年4月9日第2版。
② 《边政简志:北平蒙藏学校改专科学校》,《边疆通讯》1948年第5卷第5期。
③ 蔡元培:《北京大学国学研究所一览序》,《北京大学日刊》1925年6月27日第2版。

究的专门学命名，如哲学院、史学院等，还规定大学院生经大学评议会及该科教授会认为合格者才能授以学位。显然大学研究机构的称谓不仅强调了学科基础，还以学科为基础培养更高深的研究人才。以学科门类为基础建研究院所，培养研究人才，出发点就是学科的纵深发展。

1921年国立北京大学以学科为基础创办研究所，开启了中国近代国立大学科学研究的先河。"国立北京大学于七年间拟设研究所，因建设费无从筹出，不能成立。"① 1921年重组研究所，原定计划是设置自然科学、社会科学、国学和外国文学四个研究所，正式成立并运行的是1921年11月成立的国学门研究所，沈兼士任主任，具体分文字学、文学、哲学、史学、考古学五个研究室。继国立北京大学国学门研究所成立之后，同时期办学较好的国立大学和教会大学也都曾设立大学研究院。

根据1926年《创办大学研究院案》，"我国教部大学规程，本有大学得设研究院之条文。北京大学、北京师范大学、清华大学亦曾先后设立研究院。教会设立之大学，如燕京大学、东吴大学、金陵大学均已设立研究院有年"②。相较于20世纪20年代国立北京大学国学门研究所致力于中国传统文化的整理研究，国民政府成立后，国立大学开设研究所，开展科学研究，开发技术，研究领域涉及人文、社会科学、自然科学等广泛的学科领域，尤其是自然科学学科领域的研究得到了加强。

1931年，国民政府教育部"通令全国国立各大学酌设研究所，推广科学研究"，大学的科学研究职能正式提出来。以1934年5月19

---

① 蔡元培：《十五年来我国大学教育之进步》，《申报》1926年10月10日第38版。
② 南京大学校庆校史资料编辑组、学报编辑部编辑：《南京大学校史资料选辑》，南京大学印刷厂1982年版（内部发行），第161页。

日《大学研究院暂行组织规程》的颁布为契机，国民政府教育部大力支持大学研究院建设，在加强高深学术研究的同时规范了研究生教育。该规程明确规定大学研究院要招收大学本科毕业生，研究高深学术，具体划分文、理、法、教育、农、工、商、医各研究所，以各学科门类命名。"凡具备三研究所以上者，始得称研究院，在未成立研究院以前，各大学所设各科研究所不冠用研究院名称……各研究所依其本科所设各系分若干部，称其研究所某部。"① 以学科为基础建立的大学研究院建制是研究院—研究所—研究部。每个研究所可设一部或数部，三个研究所构成研究院，研究院、所、部的设置均经教育部核准。

与大学研究院制度相配套，1935年4月22日国民政府公布《学位授予法》，从1935年7月1日起施行。该法规定学位分学士、硕士和博士三级，学士和硕士学位由大学或独立学院授予，博士学位由国家授予。1935年5月23日教育部《学位分级细则》进一步规定文科、理科、法科、教育科、农科、工科和医科学位分三级，商科学位分商学士、商学硕士二级。其中文科和商科下设政治学和经济学，授予法学学位，法科下设商学，授予商学学位。1935年6月12日，教育部公布《硕士学位考试细则》，详细规定硕士学位考试资格、考试主办者、考试类型、考试评定事宜。

二 边疆文化教育的研究建制

清末民国时期的蒙古族高等院校从大学预科教育到专科教育以及专门学校代表的高等职业教育，在办学层次上始终没有达到大学本科

---

① 中国第二历史档案馆编：《中华民国史档案资料汇编·第五辑·第一编·教育》（一），江苏古籍出版社1994年版，第1383—1384页。

阶段，因此也就没有建立过真正意义上大学的研究院所等学科建制。国立南京蒙藏学校由于附设于中央政治学校，历史上也曾尝试建立关于边疆事务的研究机构。1948年改设的国立边疆文化教育馆意味着专门从事边疆文化教育研究建制的成立。

（一）中央政治学校边疆教育研究室

1927年5月20日成立的中央政治学校是专门培养国民党新政治人才的高等学府，1935年2月为了增进学术，设立研究部，具体分为行政、法律、经济、财政、外交和教育等组，与大学部各学系联系合作开展研究，研究部主任先后由教务处主任程天放和刘振东兼任。1935年12月，即"二十四年十二月，本校设立边疆教育研究委员会，聘请丁惟汾、戴季陶、陈果夫、叶楚伧、黄慕松、程潜、王世杰、罗家伦、刘振东、何玉书诸先生为委员，负计划指导等边疆教育设置之责"[①]。

1936年，中央政治学校附设蒙藏学校办理专修科的同时，意识到"对于边疆问题，未能作有系统之研究，以贡献于社会，本校吴主任有见于此，兹特呈准大学部特设研究室，以期对边疆诸问题，作有组织有系统之研究，造成边疆最高学府，至于详细办法，尚在筹划中"[②]。从蒙藏学校蒙藏二班毕业生的安排看，1937年，大学关于边疆问题的研究室已成立并招生。"蒙藏班第二期毕业同学宋积琏君，毕业后即留本校服务，现闻宋君由本校送往大学本部研究部研究边疆问题，以求更进一步之深造。"[③]

（二）国立边疆文化教育馆

作为边政学科建制的重要标志，不仅可以是大学里开设相关院

[①]《专载：十年史略：十年纪要》，《蒙藏学校校刊》1937年第22期。
[②]《校闻：本校为研究边疆问题特设研究室》，《蒙藏学校校刊》1937年第16期。
[③]《通讯：蒙藏班第二期毕业同学》，《蒙藏学校校刊》1937年第14期。

系，也可以是其特定的学会和专门研究机构。中央政治学校边疆教育研究室和大学开设的边疆建设的科目和讲座一定程度上为边政学的确立提供了学科内容素材，边政学会的确立和国立边疆文化教育馆的成立真正确立了边政学的学科研究建制。

"中国边政学会成立于1941年，由蒙藏委员会委员长吴忠信担任理事长"[①]。边政学会之外，专门研究机构的设立是从1944年筹设的国立边政学院开始的。事实上国立边疆学院未能办理，1945年改称国立边疆文化教育馆，专门从事边疆文化教育之研究及发展工作[②]，在南京成贤街双井巷十五号兴建馆舍。1946年6月5日国民政府公布了《国立边疆文化教育馆组织条例》，[③] 明确了该馆隶属于教育部，馆内成立研究组、编译组合文物组。其中研究组重点研究边疆民族、宗教、历史、地理、政治、经济、社会、风俗、语言、卫生等有关教育应用问题；编译组主要是编译边疆文字、辞书、教材和大众读物；文物组就是调查搜索并陈列边疆文物及有关资料。每组研究员和编纂各6人，助理研究员和编纂5人，由1名研究员或编纂兼任组主任。

国立边疆文化教育馆筹备处于1946年7月1日成立，黄文山等为筹备委员，在南京成贤街晒布厂二号办公，馆长由蒙藏教育司凌纯声暂兼，聘请了专家卫惠林、梁瓯第等参与筹备工作。"在筹备期中，该馆研究工作已开始进行，《中央边报》出至第五期，附有回藏蒙等文字，并筹办《边疆文化》季刊一种，定本年二月出版。"[④]

---

① 汪洪亮：《抗战时期边政学的兴起及其"学科性"》，《西南民族大学学报》（人文社会科学版）2014年第6期。
② 《抗战期间的中国教育（1937—1945年）》，中国第二历史档案馆编《中华民国史档案资料汇编·第五辑·第二编·教育》（一），江苏古籍出版社1997年版，第334页。
③ 《国立边疆文化教育馆组织条例（三十五年六月五日国民政府公布同日施行）》，《法令周刊》1946年第9卷第25期。
④ 《社会学界消息国立边疆文化教育馆成立》，《社会学讯》1947年第4期。

1948年6月25日国立边疆文化教育馆正式成立,"馆长由教育部前边疆教育司司长凌纯声担任"①,馆内分设研究、编译及文物等三部门,附设了边文印刷厂,具体排印蒙文、藏文、维吾尔文出版物。该馆出版的定期刊物《中央边报》意味着边疆文化教育研究的又一个重要建制。《中央边报》原为由蒙藏委员会、教育部、军令部、政治部及中央组织部等多部门联合编译出版的刊物,抗战胜利后,各机关先后由重庆复员,刊物曾一度停顿。"现在国立边疆文化教育馆成立,中央边报始改该馆编行,按期出版。"②

《中央边报》为了实现启发边疆同胞思想的主旨,发行文中特别强调双语编译,"每期都是国文和边文的合璧,有关蒙地者蒙译,有关藏区者藏译,有关回胞者回译,一般性者,则各版均译,这样更能为边疆读者所接受"③。《中央边报》的主要栏目有社论、专论、时事述评、科学介绍和国内大事记,选文主旨主要是为满足边疆同胞的需要,尤其想要用进步的知识见识启迪边疆同胞的思想,改变其保守和褊狭状态,促进边疆文化、教育、政治、社会的进步。

---

① 《边政两月简志:国立边疆文化教育馆成立》,《边疆通讯》1948年第5卷第8—9期。
② 《书报评介:中央边报(编译者国立边疆文化教育馆,发行人凌纯声)》,《边疆通讯》1947年第4卷第1期。
③ 《书报评介:中央边报(编译者国立边疆文化教育馆,发行人凌纯声)》,《边疆通讯》1947年第4卷第1期。

第六章　中国共产党领导下民族学院学科建制

新文化运动以来，资产阶级领导的旧民主主义文化运动举起民主和科学的旗帜，反对君主专制和封建迷信。"五四"运动以来，无产阶级领导的新民主主义文化运动在思想教育领域开始发挥自己的引领作用。"就全国范围而言，1927年4月国民党叛变革命建立南京国民政府，中国共产党开展了武装斗争，开始创建农村革命根据地，中国出现了两种政权、两个区域。这两个区域教育的建设和发展对我国的现代教育都有着重大的影响。"[①] 革命根据地教育从干部教育和群众教育入手，带领广大的工人农民投入革命斗争中，引领各族人民群众反帝反封建反官僚，获得了最后的胜利。

第一节　新民主主义民族教育发展的时代背景

一　新民主主义教育纲领的提出

中国共产党自成立之日起，将教育作为革命斗争的重要组成部

[①] 高奇主编：《中国教育史研究·现代分卷》，华东师范大学出版社2009年版，第177页。

分。中共二大通过了新民主主义革命教育纲领,要求改良教育制度,实行教育普及,确认男女平等教育,开展儿童本位教育。新文化运动到大革命时期是新民主主义教育的发端期,历经了土地革命时期、抗日战争时期和解放战争时期,最终实现了民族的、科学的、大众的教育。"1940年1月9日,毛泽东在陕甘宁边区文化界抗日救亡协会第一次代表大会上发表《新民主主义的政治和新民主主义的文化》的报告(单行本出版时更名为《新民主主义论》),第一次提出了'新民主主义'的概念,提出了新民主主义文化教育方针,即民族的、科学的和大众的文化教育。"①

新民主主义教育就是由中国共产党领导的以马克思主义为指导的民族的、科学的、大众的教育。其中民族性表现为反对帝国主义压迫,主张独立的中华民族的教育;科学性表现为反对一切封建迷信,主张实事求是和理论与实践相结合的教育;大众化表现为为广大的工农劳苦大众服务。所以,新民主主义教育本质上就是保有自己民族特点的教育,为此必须坚持马克思主义的辩证唯物主义,反对一切唯心主义和形而上学。

二 无产阶级干部教育的兴办

"五四"运动时期,早期马克思主义者开始到工人群众中去宣传马克思主义,开始把马克思主义和工人运动结合起来。与此同时他们深入到广袤的农村地区,组织农民,建立农会,开展斗争。为了顺利开展工农运动,中国共产党创办了一批干部学校,如湖南自修大学、上海大学、农民运动讲习所等,传播马克思主义,以培养急需的马克思主义理论武装的干部。

---

① 孙培青、杜成宪:《中国教育史》,华东师范大学出版社2008年版,第491页。

从 1931 年中华苏维埃共和国临时中央政府在瑞金成立到 1934 年工农红军长征开始前，苏区教育主要由干部教育、成人教育和儿童教育组成，出于反围剿和根据地建设的需要，苏区教育始终把干部教育放在首位。"本质上，中央苏区的高等教育无定型化的学制，严格来讲，均属干部培训学校。"① 苏区干部教育重视在职培训，对党员、干部进行政治常识、党的建设、苏维埃建设的教育，代表性的干部学校有培养党的干部的马克思共产主义大学；培养政府干部的苏维埃大学；培养军事干部的红军大学；培养农业建设干部的中央农业学校；培养俱乐部、剧社、剧团干部及文艺骨干力量的高尔基戏剧学校；培养文化教员和教育干部的师范学校，等等。

中国古代教育奠基的"学而优则仕"的人生理想，在近现代社会转型变革中有了不同的解读和发展。中国共产党领导下的干部教育虽然表象是培养各类干部，但这类干部不是泛化的政府官员或入仕为导向的官吏，而是具有崇高的革命理想和抱负，坚定的理论指导和信念的共产主义事业的建设人才。他们同样把个人理想与国家大义、读书学习与服务贡献紧密地结合在一起，在救亡图存的历史变革中以马克思主义理论武装思想，艰苦朴素坚韧不拔的革命精神鼓舞大众，带领广大的工农劳苦大众奋力反抗帝国主义、封建主义和官僚主义。

三 抗日根据地高等教育的需求

抗日民主根据地教育是在极其艰苦的条件下进行的，陕甘宁边区处于后方，是八路军、新四军的总后方，又是中共中央所在地，在抗日战争时期成为中国革命运动的中心。除陕甘宁边区外，在敌后方还先后建立了 14 个抗日民主根据地。中国共产党在抗日民主根据地开

---

① 董宝良主编：《中国近现代高等教育史》，华中科技大学出版社 2007 年版，第 214 页。

展各级各类教育的原则是干部教育重于群众教育，在干部教育中对现任干部的提高重于对未来干部的培养，在各种教育中战争与生产所直接需要的知识与技能的教育重于其他一般文化教育。因此在当时根据地教育中高等教育是重中之重，也是满足革命战争需求的重要保障，然而受条件所限，高等教育在培养急需的各类革命干部时，也只能先满足现任干部的培训提升需要，教育内容中也是重点考虑战时所需的知识技能教育。

1940年12月，毛泽东在《论政策》中要求每个根据地都要尽可能开办大规模的干部教育。从1935—1941年间办理了中央党校、中国人民抗日军事政治大学、陕北公学、鲁迅艺术文学院、中国女子大学、延安大学、民族学院等具有高级干部教育性质的高校。中共中央党校的前身是马克思共产主义大学，1935年11月在瓦窑堡复校并改名，1937年2月迁到延安，主要培养地委和团级以上具有相当独立工作能力的党的干部及军队政治工作干部，1947年3月中共中央撤出延安后暂时停办。中国人民抗日军事政治大学的前身是中国工农红军大学，1936年6月在瓦窑堡成立，1937年1月改名，主要培养八路军和新四军的骨干力量，在抗日战争八年中先后培养了20多万名军政干部。

陕北公学、鲁迅艺术文学院、中国女子大学、延安大学、民族学院的渊源颇深。民族学院是在陕北公学民族部基础上成立，延安大学是1941年9月在陕北公学和中国女子大学的基础上再合并泽东青年干部学校而建立，并于1943年合并了鲁迅艺术文学院、民族学院、自然科学院和新文字干部学校，1949年6月中央决定成立西北人民革命大学，合并了延安大学。

第二节　延安民族学院的学科建制

延安民族学院是1941年9月以陕北公学民族部为基础建立的民族高等院校,它的成立既是时代的选择,也是中国共产党在革命战争时期的选择。学院历经几次转变,"1948年春,伊东、伊西两工委为了便于管理,将城川学院迁到吴起镇的金佛坪,与三边干校合并,编为三边干校民族班。1949年7月,学院负责人赵诚将所有学员从陕西带回伊克昭盟扎萨克旗安排工作,学院的办学历程至此结束"[①]。在八年的办学经历中,延安民族学院经历了从独立办学到并入延安大学,再从革命根据地到祖国的边疆,地理位置的变迁不但没有中断民族干部教育的薪火,反而以"星星之火可以燎原"的态势,在边陲之地培养了一批少数民族革命建设的干部。

一　蒙古族高等干部教育的开端

干部教育在新民主主义教育中占有重要分量,中国共产党成立之后,为了更好、更快、更广泛地宣传马克思主义理论,有效地指导革命实践活动,急需培养一批用马克思主义理论武装头脑的革命干部。中国共产党在广泛开展工农运动的同时,特别重视办理一批干部培训教育机构,先后创办了很多具有高等教育性质的干部学院。"延安民族学院是经党中央决定在陕北公学民族部的基础上建立的,它是一所为培养民族干部和从事民族工作的汉族干部而举办的一所高等学校。"[②]

[①] 曹芳:《延安民族学院的办学历程与辉煌成就》,《实践》(思想理论版)2020年第10期。

[②] 宗群:《回顾与展望——从延安民族学院到中央民族大学》,《民族教育研究》1994年第2期。

陕北公学1937年8月成立于延安东门外延河之滨，主要培养政治干部，1939年7月并入华北联合大学，1940年9月留在陕北的陕北公学继续招生，增设师范部、社会科学部和少数民族工作队。陕北公学不仅培养抗日教育师资、教育行政干部和抗战民众运动的工作人员，还培养西北地区抗日民族干部，为此成立了一年制的少数民族工作队。"1941年夏，陕北公学在少数民族工作队基础上又成立了民族部，专门培养少数民族干部"①，当时民族部的学生有185人，由蒙、藏、彝、回、苗、满、汉七个民族成员组成。

在陕北公学民族部基础上建立的延安民族学院"1941年9月18日隆重举行开学典礼。这一天非常热闹，八个民族200多人欢聚一堂，载歌载舞，庆祝我党创办的第一所民族学院的成立"②。延安民族学院的校址是原泽东青年干部学校的校址——延安文化沟。文化沟原名大砭沟，由于这里集中了各类学校、文化团体、剧院、文化俱乐部、图书馆、大礼堂等组织，成为当时延安名副其实的文化中心，自然而然被人们称为文化沟。

延安民族学院是在当时内忧外患的复杂的国际国内战争局势中建立的。面对日本帝国主义的侵略，我们全民族定要团结一致抗战到底；面对国民党的围剿，我们更要团结一切能团结的民众，凝聚各民族力量形成全民合力，贯彻党的民族政策，争取实现抗日民族统一战线。因此，延安民族学院学生的民族构成是多元化的，多民族的学员聚集在一起，学习党的民族政策理论，重点培养少数民族革命干部。

延安民族学院的学生由汉、满、蒙、回、藏、彝、苗、东乡八个民族组成，"建院之初，学生总数约在二百五十人至三百人之间，其

---

① 董宝良主编：《中国近现代高等教育史》，华中科技大学出版社2007年版，第231页。
② 宗群：《回顾与展望——从延安民族学院到中央民族大学》，《民族教育研究》1994年第2期。

中蒙古族学生近一百人"①。蒙古族学生占比最多，来源上有原绥远省土默特旗、乌兰察布盟、察哈尔盟、哲理木盟、伊克昭盟。前文已经界定过蒙古族高等教育是以蒙古族学员为主要招生对象，采用正规或非正规的方式实施的中等教育以上程度的各种高等专业教育和研究活动。因此，延安民族学院在蒙古族近现代高等教育中占有重要地位，在蒙古族革命建设干部培养方面发挥了不可替代的作用。

按照整风运动的需要，延安民族学院在1943年并入延安大学，一年后再根据革命战争需要，延安大学民族学院迁往定边。定边紧依靠内蒙古伊克昭盟和宁夏等地，所以学院学生中蒙古族和回族学生占比最多，也更有利于中国共产党着力培养蒙古族和回族的少数民族干部。"以高岗、乌兰夫、宗群、高克林、刘春、王铎、胡震，克力更、那素滴盖勒为教师代表，包括蒙古族的布赫、云世英、云彦林、李文精、云照光等，回族的沙力士、彭华庵等，他们为抗日战争、解放战争乃至新中国的建设事业做出了巨大贡献，有的甚至献出了宝贵的生命。"②

作为中国共产党创办的第一所少数民族干部学校，在层次上延安民族学院归属于高等教育机构，是当时艰苦的革命战争环境中中国共产党创办的让各族人民可接受的最高级别的终端教育。这一点上它正符合于广义的高等教育范畴，特殊历史时期办特殊的高等教育是我国自古以来的传统。因此，不能以完备规制的高等教育标准来衡定抗日战争时期革命根据地的高等教育水平，要用历史的发展的眼光认定延安民族学院的高等教育性质，它是那个时期不可或缺的培养社会所需高级专门人才的特殊的高等教育机构。

---

① 王云、王天木：《延安民族学院创办始末》，《内蒙古社会科学》1987年第1期。
② 赵小成：《延安民族学院研究（1941—1944）》，硕士学位论文，延安大学，2018年。

二 延安民族学院学科建制的特殊性

在曾任延安民族学院教育处处长宗群先生的回忆文献中，我们可以真实地了解当时延安民族学院的学科建制梗概。宗群（1910—1997），原名钱万生，字一粟，天津蓟县（现为天津蓟州区）人，1932年考入天津北洋大学。1937年加入中国共产党，并在西安从事爱国青年抗日救亡领导工作，后赴延安，历任延安民族学院教育处处长，伊盟工委秘书长，中央西北局民族处处长等职。1952年调入中央民族学院，历任研究部副主任、副教务长、副院长、党委副书记、代院长、代党委书记及顾问。兼任国家民委委员、国家民委学术委员会副主任等职。

（一）学科建制的速成化特点

高等教育的"速成化"是新民主主义教育时期不争的事实，尤其在中央苏区高等教育的办学特点中表现突出。那是因为在苏维埃政权时期兴办高等教育面临着一系列的严峻挑战，其严峻性表现为：

> 一是因国民党军队的不断"围剿"，根据地普遍处于战争状态，无法建立较为稳定的正规的高等教育机构；二是苏区位于穷乡僻壤，经济条件和文化建设都十分落后，投身革命的工农民众和红军战士绝大部分是文盲。基于上述现实，中央苏区既不能取消教育，又不能刻板地办理正规的高等教育（专科3年，本科4年），只能采取随机应变的短训班形式来"多快好省"地培养大批干部以应战争之需。①

---

① 董宝良主编：《中国近现代高等教育史》，华中科技大学出版社2007年版，第213—214页。

到了抗日民主根据地时期，办理高等教育的严峻性不比之前减少，加之少数民族干部培养的迫切性和民族干部文化基础知识的欠缺性，这种灵活应变的以短期培训为主导的高等教育办学形式依旧顺应了时代发展的需求而被传承下来。

高等教育的"速成化"办学特点渗透在民族院校的学科建制中，我们不能完全按照正规高等教育机构的学科设置、学科组织机构和学科制度的要求去建构，而是应该就当时的实际举措来客观地分析和评价其学科建制的特殊性。

据宗群先生《回顾与展望——从延安民族学院到中央民族大学》记载，延安民族学院由中共中央西北局书记高岗兼任院长，[①] 高克林担任副院长，杨春霖任总书记。学院下设教育处、研究处、干部处和总务处四个行政处室，其中乌兰夫同志担任过教育处第一任处长，主要负责教学计划、课程设置、师资配备、教材编订和教法研究以及学生考试考核事宜。

图 6-1 高岗同志

研究处在中共中央西北局民族问题研究室基础上建立，下设蒙、藏、回三个民族研究室，分别调查研究蒙、藏、回族政治、经济、文化、历史、风俗。"其中蒙民问题由包彦（包正言）负责，研究人员有孔飞、克力更、刘元复、吕林（乌兰）、高鲁峰（董英）、云北峰、张路、赵诚等人。"[②] 研究室编写了《蒙古问题研究》《蒙古社会经济》等专著。一年后由于人员调动，将研究处和干部处改称研究室和

---

① 高岗：《内蒙解放道路和党的民族政策：在内蒙干部会议上的讲话》，《群众》1948年第 2 卷第 48 期。
② 王云、王天木：《延安民族学院创办始末》，《内蒙古社会科学》1987 年第 1 期。

注册室，归入教育处。

1943年4月延安民族学院并入延安大学，校址也随之迁往桥儿沟，"当时民族学院仍保留了原来的建制，实行单独领导"[①]。经历整风运动后，1944年4月延安大学民族学院迁往定边。同年夏天，民族学院与三边师范、三边地委干部训练班、整风训练班合并成立了三边公学，民族学院仍旧保持了独立建制，由王铎统一负责学院工作，课程也延续了延安时期的内容。

延安民族学院学科建制的速成化还表现在它无定型化的学制规定上。起初延安民族学院规定学制六年，分三个学程，实际上完成6年学制的学生是极少数，多数学生完成2年的一学程后就分配了工作，还有一部分学生完成4年的两学程毕业工作。这般不定期的培训周期就是高等教育速成化的集中体现，虽然制度层面上学制规定是明确的6年，事实上为了满足革命急需的干部需求，不可能会采用这么长的周期培养人才。更何况延安民族学院独立办学周期总共两年，合并到延安大学时期也没超过两年，转移到定边和城川的时期更不可能让学生系统地学习研究学科知识，而是更多地开展革命实践活动。因此，不论从实际需求还是历史事实的角度分析，延安民族学院的学制都不会是起初规定的那般完整采用六年学制。

(二) 班级成为学科基本组织机构

民国初年的《大学令》奠定了中国近现代大学学科建制的基础，大学学科建制从"科—门""科—系"建制最终演变成为"院—系"建制，充分反映了西方大学模式的影响。然而在新民主主义教育时期的高等教育，因其速成化特点，未能遵循大学章程规定的学科建制模

[①] 宗群：《回顾与展望——从延安民族学院到中央民族大学》，《民族教育研究》1994年第2期。

式，采用规制完备的院、系建制。

延安民族学院学科建制的特殊性表现在以班级为学科的基本组织机构。学院最初由五个普通班和一个研究班组成。1942年研究班毕业后，重新组成七个班，五个普通班之外，增设两个文化班，其中有一个蒙古族班和一个回族班。班级建制从性质上基本属于训练班性质，灵活性编排的同时每班的培训时间也不统一。

延安民族学院的根基——陕北公学的学科建制也是以班级为基本学科组织机构，当时设置了普通班和高级研究班，普通班采用4个月的学习周期，高级研究班采用一年的学习周期。同时期的中国女子大学也是设置了普通班、特别班和高级研究班等8个教学班。延安大学由于规模和整风运动的特殊使命，在创办初期采用了院、系建制，抗战胜利后，根据时局需要"不再分设院系，改设教育、司法、农业、文艺、会计5个班"[①]。

由此可见，班级的学科建制是中国共产党领导下高等教育机构普遍采用的学科建制。大革命时期的农民运动讲习所是第一次国内革命战争时期培养农民运动干部的学校，在广州农民运动讲习所时期就举办了6届，都是采用班级的组织形式完成了各项教学任务。到了中共苏区根据地时期的马克思共产主义学校、苏维埃大学的学科建制同样也是班级为学科的基本组织单位。作为中央苏区最高学府的苏维埃大学下设10个班，学制半年。马克思共产主义学校属于规模较大的党校，主要培养高级革命干部，就是采用了班级的学科建制，将学员分为三个班，每班的培训时间长短不一，短的有两个月周期，长的有九个月的周期。

[①] 董宝良主编：《中国近现代高等教育史》，华中科技大学出版社2007年版，第236页。

三 民族院校中马克思主义学科的雏形

根据国家标准学科分类体系，马克思主义学科与哲学和宗教学并列，其具体的学科分类体系中包括了马、恩、列、斯思想研究，毛泽东思想研究，马克思主义思想史，科学社会主义，社会主义运动史，国外马克思主义研究和马克思主义其他学科等。[①] 区别于哲学和宗教学下设的马克思主义相关学科，独立设置的马克思主义学科更加注重思想政治研究。

这一传统与近现代中国共产党人宣传马克思主义的初衷相符。言外之意，马克思主义学科在中国的发展历程并不是从大学课堂中的哲学思辨和学理探究开始的，而是在广泛的工人农民运动的革命实践中宣传马克思主义思想理念，引导民众争取革命的胜利，在实践取向中产生和发展起来的。

（一）延安民族学院时期马克思主义思想教育

为了体现教育为无产阶级政治服务、为抗日战争的需要服务，延安民族学院的学习内容中除了革命教育、抗日民族解放战争的教育之外，最重要的是马克思主义民族理论和民族政策教育。延安民族学院研究班的课程以政治理论课为主，包括马克思主义基本理论、世界革命史、中国革命、民族理论与政策、统一战线、党的建设、根据地建设等。[②] 普通班的课程由文化课、政治课和少数民族语言课构成，其中民族语言课设蒙古语文和藏语文，文化课主要包括汉语、自然常识、体育、音乐、生理卫生。培养干部的中心课程自然是政治课，主

[①] 中国国家标准化管理委员会：《中华人民共和国国家标准学科分类与代码》，中国标准出版社2016年版，第60—61页。

[②] 白平：《新民主主义革命时期中共对蒙古族干部的培养（1921年—1949年）》，硕士学位论文，内蒙古大学，2015年。

要包括马克思主义民族理论、党的民族政策、社会发展史、中国革命运动史等。因此,研究班和普通班的核心课程主要是马列主义思想教育,结合政治经济学、哲学、中国革命问题、民族问题和时事政策等内容充实其理论内涵。

从延安民族学院课程设置的总况看,课程内容与当时抗日战争的需求紧密结合,通过思想政治教育,尤其是用马克思主义思想教育来武装学生的头脑,增强学生抗战必胜的信念。因为延安民族学院的学生来源是多元的,各自的经历也不尽相同,面对国家民族危难的阶级感情的浓烈程度也有所不同,所以加深学习马克思主义理论,加强对马克思主义的正确认识,培养大家朴素的阶级感情,使学员深刻领悟民族压迫和阶级压迫的根源,从而对马克思列宁主义、毛泽东思想加深领悟,通过思想理论学习可以更好地指导学生的革命工作。延安民族学院为了更好地开展马克思主义思想教育,除了课堂教学之外还广泛开展课外实践活动,把思想政治教育贯穿于一切课内外教学与实践活动之中。

(二) 延安大学民族学院时期的马克思主义政治教育

1941—1945年的延安整风运动是中国共产党历史上第一次大规模的作风整顿运动。它是为了提高全党的马列主义水平,纠正党内各种非无产阶级思想,更为夺取抗日战争和民主革命的胜利,使全党确立了实事求是的辩证唯物主义的路线。1943年夏天到1945年春天的两年时间是延安地区和陕甘宁边区全体党员干部参加整风运动的阶段。

为了整风运动的需要,1943年延安民族学院并入延安大学,虽然保留了独立建制,但教育方针和学习内容与延安大学保持高度一致。延安大学的整风学习是建党以来最大规模地学习马克思主义的高潮,并把马克思主义与中国革命实践结合起来,重新认识了中国革命的历史问题与现实问题,使广大党员和干部端正了对待马克思主义的态度，克服了把马克思主义教条化，极大地推动了马克思主义中国化的历史进程。

"在延安民族学院参加的众多政治活动中，整风和'审干'运动无疑是最具代表和典型性的政治活动"①。相比较于延安民族学院时期马克思主义思想教育，此时的马克思主义教育更加重视政治教育导向，不仅让学员正确认识和加深了解学习马克思主义的基本理论和民族政策，更加强化学员的政治立场、政治态度和政治信念教育。通过延安大学的整风运动，民族学院的学生深刻领悟正确的政治立场，反对主观主义以整顿学风、反对宗派主义以整顿党风、反对党八股以整顿文风。

（三）城川民族学院时期的马克思主义革命教育

"1945年3月，为了适应内蒙古地区民族工作发展的需要，进一步培养蒙古族干部，西北局决定将民族学院从定边迁至内蒙古伊克昭盟的城川"②。城川镇是当时中共陕甘宁边区民族工作的试验区，"是城川蒙民自治区政权的探索实践地，为蒙古民族问题的解决积累了经验"③。来到城川民族学院的学生主要是蒙古族学员，"成立城川民族学院，着重培养蒙古族革命干部"④。马克思主义革命教育是城川民族学院的中心议题，民族学院开设的课程主要有马列主义、政治经济学、哲学、中国革命问题、民族问题、时事政策、政治基础理论、社会发展简史等。

在革命战争环境下，为了取得革命的成功，边区一切工作都要为

---

① 赵小成：《延安民族学院研究（1941—1944）》，硕士学位论文，延安大学，2018年。
② 宗群：《回顾与展望——从延安民族学院到中央民族大学》，《民族教育研究》1994年第2期。
③ 曹芳：《延安民族学院的历史贡献及当代价值》，《理论研究》2020年第3期。
④ 胡炳仙：《延安民族学院的发展及其对民族院校办学的影响》，《高等农业教育》2014年第2期。

革命战争服务，教育更是如此。马克思主义革命教育更加凸显革命政治课程和革命目标、形势、任务的内容分量，如中国革命问题、民族问题、时事政策、社会发展简史等，引导学员确立革命的人生观，坚定自身的革命理想信念。

"抗战胜利前夕，根据毛主席'扩大解放区'的指示，延安民族学院的学生分别到各少数民族地区去开辟革命工作。一九四五年五月绥察军区骑兵旅成立时，从旅长到连长、指导员，几乎都是延安民院的学生。抗战胜利后，延安民族学院毕业的学生，从鄂尔多斯高原到呼伦贝尔草原，到处都有他们的足迹。为内蒙古自治区于一九四七年得以建立打下了基础"[①]。由此看见，迁至城川的民族学院更加清楚担负的使命和责任，马克思主义教育中加重革命实践教育，号召广大学员投身到火热的革命斗争中，实践中践行马克思主义理论，将理论与实践紧密结合，将马克思主义与革命斗争实践紧密地结合在一起。

---

① 王云、王天木：《延安民族学院创办始末》，《内蒙古社会科学》1987年第1期。

结　语

学科是相对独立系统化的科学知识体系，是高等教育机构的组织细胞。学科建制是按学科编制编成的大学学术组织及其隶属关系，是支持学科发展的组织基础，以学科建制为组织基础，学科发展从高深知识的传播、创新到应用，逐渐完善了高等教育机构的人才培养、科学研究与社会服务职能。学科及其建制是了解一所高等教育机构发展演变历程的独特视角，从历史的视角考察少数民族院校学科建制及其发展变革，将有利于整体上把握民族高等教育的近代化。

一　近代蒙古族高等教育学业层次

本书界定的蒙古族高等教育是以蒙古族学员为主要招生对象，采用正规或非正规的方式实施的中等教育以上程度的各种高等专业教育和研究活动。中国近现代教育史上有明确建制的代表蒙古族高等教育水平的院校和研究机构有清末新政时期京师满蒙文高等学堂、贵胄法政学堂和殖边学堂，民国北洋政府时期筹边高等学校和蒙藏专门学校，国民政府时期南京蒙藏学校专修科、国立边疆学校、国立北平蒙藏学校师范专修科、蒙藏政治训练班和国立边疆文化教育馆。它们代表了蒙古族高等教育不同学业层次和类型的发轫与发展水平，不仅培养了蒙古族高级专门人才，也探索了边疆文化教育研究。

（一）蒙古族大学预科教育的开端

根据联合国教科文组织的国际教育标准分类，大学预科教育属于高等教育有机组成部分。中国大学预科教育制度正是在半殖民地半封建社会中，一方面模仿日美教育，另一方面在中学堂和大学堂没有衔接的特定历史条件下形成的，具有大学的补习教育性质。由于近代中国教育的特殊性，当时的高等教育只能大量招收未经完整中等教育的同等学力学生，因此大学教育需要预科补习。

蒙古族第一所具有现代意义的高等院校——京师满蒙文高等学堂成立于1908年，1912年与殖边学堂合并，1914年停办。它属于高等学堂，根据学制规定其学科程度等同于三年制大学预科，因此，京师满蒙文高等学堂属于大学预科教育，其毕业生主要为进入经学科、政法科、文学科、商科类分科大学作准备。不论从当时高等学堂的学业程度，还是从办学现实角度分析，京师满蒙文高等学堂在学业层次上仅仅完成了大学预科教育阶段。

高等教育的发展离不开普通教育基础，由于中国古代教育体系原本就没有独立的中等教育阶段，癸卯学制颁布后只能同步发展中等教育和高等教育。正是在高等教育与中等教育没有衔接的特定历史条件下，大学预科教育便成为不可或缺的过渡环节。清末学制中有三年制独立设置的预科，还有与高等学堂及大学预备科同级的高等实业学堂和优级师范附设的一年制预科，其中以独立设置的三年制预科为主，毕业后可升入本科教育阶段的分科大学。1922年壬戌学制取消了预科教育制度，以三年制的高中作为替代，理顺了中等教育和高等教育的关系，使高等教育摆脱了普通教育的任务，得以集中精力从事专业教育。

（二）蒙古族高等专科教育的产生与发展

作为蒙古族高等职业教育的开端——殖边学堂的历史虽然短暂却

是意义非凡。从学制的横向类型看，殖边学堂属于高等实业学堂，清末实业学堂的称谓可以对应当今职业教育领域，当时的实业教育分为初等、中等和高等三个层次，高等实业学堂其实就是高等职业教育机构。从学制的纵向层次看，高等实业学堂招收中学毕业生，其学科为专门性质。因此，殖边学堂相当于高等专科教育层次。遗憾的是殖边学堂的职业指向与清末高等实业学堂的农、工、商、商船四大类并不对应，殖边学堂的人才培养目标仍旧是边疆所需法政人才，徒有职业教育之名，却无职业教育之实。

北洋政府时期的筹边高等学校和蒙藏专门学校均属于高等专科教育。筹边高等学校作为当时民族高等职业教育的主要承载者，既顺应了时代发展的需要，也为边疆地区培养了一批实用人才。毕业生不仅在中央机构任职还有一批毕业生到察哈尔、西藏、四川等边疆地区或充当教员或开展调查服务研究。1918年北京蒙藏学校正式升格为高等教育机构，改称蒙藏专门学校，属于北洋政府时期的蒙古族法政专门学校，造就了一批法律政治经济领域的专门人才。

国民政府时期蒙藏政治训练班以及南京蒙藏学校和北平蒙藏学校在办学后期均达到了高等专科教育水平。蒙藏委员会主办的蒙藏政治训练班以高中毕业生为招生对象，传授高级专门学问，符合高等教育范畴，在三年学制上可以认定为专科教育层次。虽然在招生上不以蒙藏学生为主要对象，但在重点学习蒙语、蒙文、藏语、藏文以及毕业后为内蒙古和康藏地区边疆建设服务的导向上，可以将其认定为一所特殊的民族高等教育机构。

南京蒙藏学校从1936开始开办师范专修科和民族语言专修科。师范专修科学生招收高中毕业生，为边疆中等学校培养合格师资及地方教育行政人员。因此，该校师范专修科完全匹配高等师范院校的人才培养定位，并且属于免费定向培养的封闭高等师范专科教育体系。

1941年南京蒙藏学校改称国立边疆学校，继续设置师范专修科。1929年恢复办学的北平蒙藏学校经历了19年的基础教育历程，1948年9月开始招收两年制师范专科，恢复了蒙藏专门学校时期的高等专科教育，但由于中华人民共和国成立后改为中央民族学院附属中学，其高等教育办学经历也算是昙花一现。

（三）蒙古族高等干部教育的发轫

新民主主义教育中1941年成立的延安民族学院最先创办了少数民族高等干部教育，在蒙、藏、彝、回、苗、满、汉等多民族干部中蒙古族学员的占比最多而成为蒙古族高等干部教育的摇篮。面对国际国内的严峻形势，延安民族学院凝聚各民族力量形成合力，贯彻中国共产党的民族理论政策，培养了一大批少数民族革命干部。

延安民族学院蒙古族学生的来源主要有土默特旗、乌兰察布盟、察哈尔盟、哲理木盟、伊克昭盟等地区，毕业后多数学员回到原地服务于内蒙古东西部地区的革命实践活动，为内蒙古自治区的成立做出了重大贡献。尤其以高岗、乌兰夫、宗群、王铎、克力更、那素滴盖勒、布赫、云世英、云彦林、李文精、云照光等人为代表为抗日战争、解放战争乃至新中国的建设事业做出了巨大贡献。作为中国共产党创办的第一所少数民族高等干部学校一直办学到1949年7月。

二 近代蒙古族高等院校学科建制

一门学科在高等教育机构里获得设置，才意味着有了学科建制，也才能保证其学科发展的人员、资金、制度保障。

（一）满蒙文学科建制的开端

癸卯学制中关于高等教育学科门类及其体系的规定是我国办理新式高等教育最重要的制度保障。1904年《大学堂章程》中"满蒙文"是作为一门选修课程，出现在文学科"中外地理"学门"中国方言"

的补助课中。即当时八大学科门类的经学科、政法科、文学科、格致科、农科、工科、商科、医学科的下设46个学门中都没有民族语言的设置。1907年学部获批奏准在京师大学堂文学科大学增设"满蒙文"学门，意味着"满蒙文"获得了独立学科地位。

学科地位的获得，使得"满蒙文"学科命名的高等学堂的成立变得顺理成章。1908年京师满蒙文高等学堂从实践层面上实现了满蒙文学科的建制，并进一步加强了"满蒙文"独立学科地位的夯实。由于满蒙文高等学堂属于大学预科阶段，因此也就没有分科大学的"科—门"划分，学科设置主要包括满蒙文和藏文两个学科。满蒙文高等学堂学科设置的跨文化性不凸显，满文教习擅长于教人基本的德行和道德，不涉及民族文化的精神层面，在文化领域中满族文化特色并不突出。相较于满文教习，蒙文教习结合时事政治谈论政策，也结合语言教学阐述风土人情等文化层面的内容，在文化精神层面的引领方面，蒙文学科略胜于满文学科。

（二）法政学科建制的产生与发展

法政学科在《大学堂章程》八大学科门类中已有自己独立的学科地位。它不仅是分科大学的独立学科门类，还是中国近代大学最早设置的学科建制。从学科门类看，法科属于应用学科，应用学科注重知识的实用价值。清末新政时期社会急需一批实行新政、预备立宪的法律政治人才而独立设立了法政学堂。1909年成立的贵胄法政学堂作为清末三所蒙古族高等院校之一，其法政科代表了蒙古族高等院校法政学科建制的开端。

贵胄法政学堂第一年开设普通课程，后三年主攻法政科，以造就法政通才为宗旨。学科设置特点倾向于法律学科，不论课程门类数量还是每周课时总数中法学占据绝对优势，相对而言政治学分量略显苍白，不仅理论学科欠缺，制度学科还没有规模。贵胄法政学堂的法律学科的设置顺应了这一时期高等教育机构学科发展的共同趋势。尤其在满足社会急需人才方面，法政人才是首选。

民国北洋政府时期筹边高等学校和蒙藏专门学校均属于公立法政专门学校。相对而言，筹边高等学校的学科分类虽然不够清晰，但已具有法政科的倾向，蒙藏专门学校不但确立了法政学科建制，而且在学科分类上有细化的特点。1918年4月蒙藏专门学校第一届法律预科毕业生升入法律专科，到1922年成为我国第一个成建制的少数民族大专班毕业生，1920年增设政治学科，1923年再加设政治经济学科。

（三）教育学科建制的萌芽

国民政府时期的南京蒙藏学校1936年9月增设师范专修科，师范专修科分为文、理两组，文组注重国文、历史、地理等科；理组注重算学、物理、化学等科，学制2年，制定出台了《中国国民党中央政治学校附设蒙藏学校师范专修科暂行简则》，进一步规范了师范专修科规章制度。

1941年改称国立边疆学校后保留了师范专修科，师范专修科当时设置了两种学制，第一类为两年制的师范科，招收高中毕业生，属于真正的高等师范专科教育；另一类为五年制的师范科，招收初中毕业生，涵盖了中等师范和高等师范教育，虽然起点低但从学制年限的延长来看，其最终毕业生仍属于高等师范专科教育层次。五年制师范专修科重点培养边疆地区中学师资，两年制师范专修科是对中学在职教师的继续教育，归根到底是为发展边地基础教育事业和民族文化。国民政府接管的北平蒙藏学校1948年办理了两年制师范专科。

教育学科是师范教育的特色学科，近现代蒙古族高等院校中没有特设教育学系，但设置师范专修科意味着教育学科建制的萌芽。以京师大学堂师范馆的创办为起点，清末大学堂中已有教育学科建制萌芽。1921年国立东南大学最早设置了教育科教育系后很多大学陆续设置了教育学科建制。受此影响专科学校也陆续设置了师范专修科，与独立的师范院校共同培养基础教育师资力量。

（四）边政学科建制的雏形

边政科一词出现于民初，大学的边政学系出现在20世纪30年代初，边政学会出现于20世纪40年代。虽然这些重要线索与蒙古族高等院校没有太多直接关联性，但蒙藏政治训练班和国立边疆文化教育馆在边政学科建制中间接地做出了贡献。

筹边高等学校停办后转送到北京法政专门学校的学生统编为"边政本科班"，突出其人才培养对边疆建设的指向性，蒙藏委员会黄慕松委员长在1936年时有意将蒙藏政治训练班升格为"边政大学"，这些点点滴滴与近现代蒙古族高等院校密切关联，或者说蒙古族高等院校培养的人才总是与"边政"一词脱不了联系。

在边政学科建制的历史沿革中，蒙藏政治训练班被认定为边政学科建制的雏形，其边疆文化教育科目及其研究为边政学的建构发展奠定了重要基础。蒙藏政治训练班开设的蒙、藏、回等边疆语言文字课程以及边地历史地理等科目，无不凸显着边政学的特色。因此，蒙藏政治训练班一定意义上的确可以代表边政学科建制雏形。

国立南京蒙藏学校由于附设于中央政治学校，历史上也曾尝试建立关于边疆事务研究室。1948年改设的国立边疆文化教育馆专门从事边疆文化、教育、政策、社会、经济、政治研究，意味着边政学科的研究建制的开端。馆内分设研究、编译及文物等三部门，附设了边文印刷厂，出版的定期刊物《中央边报》意味着边疆文化教育研究的又一个重要的学科建制。

（五）马克思主义学科建制的轮廓

延安民族学院的马克思主义学科凸显马克思主义民族理论和民族政策教育、抗日民族解放战争教育和革命教育。具体课程设置包括马克思主义基本理论、党的民族政策、世界革命史、中国革命运动史、社会发展史、民族理论与政策、民族问题和时事政策、统一战线、党的建设、根据地建设等内容。

作为新民主主义教育的理论基础，马克思主义学科在大革命时期、革命根据地时期的中国共产党领导下的高等教育机构中都有不同程度的建设和发展。通过延安民族学院的马克思主义学科建制，引导少数民族革命干部用马克思主义思想教育来武装自己的头脑，深刻领悟民族压迫和阶级压迫的根源，坚定自身的革命理想信念，把马克思主义与中国革命实践结合起来，推动马克思主义中国化的历史进程。

综上所述，中国近代蒙古族高等院校学科在与社会文化教育的密切联系与时代巨变的遥相呼应中得以建制。作为中国高等教育近代化的组成部分，这段曲折的构建过程也是引进西方科学思想体系的尝试过程，只是自身发展的短暂性和断续性导致了民族高等院校学科建制也只能初步实现了当时所需人才的培养任务，而未能实现大学学科的系统的科学研究与全面的社会服务职能。

中国近现代大学学科建制经历了从"科—门""科—系"到"院—系"建制的发展历程，由于蒙古族高等院校在学业层次上仅达到大学预科、专科水平，未曾达到大学本科阶段，因此在学科建制层面也没有实现"科—系"和"院—系"建制。在学科设置上虽然初具满蒙文、法律政治、教育学、边政学科、马克思主义学科的轮廓，但在学科制度方面未能实现同一时期大学章程规定的学科门类相应的学科层级和课程体系。历史的不足可以铭记，以史为鉴我们可以更好地思考当下民族院校学科建设的实际需求和未来期许。

主要参考文献

一 工具书

《辞海》（教育学·心理学分册），上海辞书出版社1987年版。

教育部社会科学委员会学风建设委员会组编：《高校人文社会科学学术规范指南》，高等教育出版社2009年版。

教育大辞典编纂委员会：《教育大辞典·第10卷：中国近现代教育史》，上海教育出版社1991年版。

教育大辞典编纂委员会：《教育大辞典·第3卷：高等教育》，上海教育出版社1991年版。

蒙古学百科全书编辑委员会：《蒙古学百科全书·教育》，内蒙古人民出版社2009年版。

夏征农：《辞海》（1999年版缩印本），上海辞书出版社2002年版。

中国国家标准化管理委员会：《中华人民共和国国家标准学科分类与代码》，中国标准出版社2016年版。

二 史料

北京大学、中国第一历史档案馆：《京师大学堂档案选编》，北京大学出版社2001年版。

《北京各校校事调查表》，《教育杂志》1927年第9期。

《北平蒙藏学校》,《蒙藏旬报》1932年第2期。

《北平蒙藏学校先成立师专科》,《和平日报》1948年4月9日第2版。

《本市蒙藏学院改称私立蒙藏学校》,《申报》1934年8月1日第5版。

《边疆时事：蒙藏委员会消息一束》,《蒙藏月报》1936年第6卷第1期。

《边政短信：国立蒙藏学院短期内改组成立》,《蒙藏月报》1947年第5期。

《边政简志：北平蒙藏学校改专科学校》,《边疆通讯》1948年第5期。

《边政两月简志：国立边疆文化教育馆成立》,《边疆通讯》1948年第8—9期。

蔡元培：《北京大学国学研究所一览序》,《北京大学日刊》1925年6月27日第2版。

蔡元培：《十五年来我国大学教育之进步》,《申报》1926年10月10日第38版。

陈霞飞：《本校的过去十年与将来十年》,《蒙藏学校校刊》1937年第22期。

《成立蒙藏教育委员会》,《蒙藏旬报》1932年第4期。

《充实国立边疆学校》,《教育通讯》1948年第3期。

《筹备南京蒙藏学校》,《蒙藏旬报》1932年第3期。

《大总统令：大总统指令第二千九百二十一号：令蒙藏院总裁塔旺布理甲拉：呈蒙藏专门学校法律专科毕业学生拟援照成案由院咨送蒙藏各地量予录用由》,《政府公报》1922年9月25日第2538号。

《大总统令：大总统指令第一千二百四十四号：令蒙藏院总裁贡桑诺

尔布：呈蒙藏学校请以第二班中学经费移办政治专科拟请准予照办由》，《政府公报》1920年5月11日第1523号。

《东南大学之新气象》，《申报》1922年10月1日第3版。

《东南大学组织大纲之议定》，《申报》1921年2月12日第3版。

高岗：《内蒙解放道路和党的民族政策：在内蒙干部会议上的讲话》，《群众》1948年第2卷第48期。

《关于附设蒙藏学校暂停招生一年另设新疆缠回班及仍照上年度原额支领经常费一案经中央第一七四次常会通过》，《中央党务月刊》1935年第83期。

《国立边疆文化教育馆组织条例（三十五年六月五日国民政府公布同日施行）》，《法令周刊》1946年第25期。

《国立边疆学校解聘教授》，《中华时报》1946年8月17日第2版。

《国立边疆学校孔庆宗任校长》，《和平日报》1946年7月15日第4版。

《国立边疆学校要求改制代表赴教部请愿》，《益世报》（上海）1948年5月11日第2版。

《国立南京蒙藏学校组织大纲》，《西藏班禅驻京办公处月刊》1930年第3期。

《国民政府训令：第七二〇号：令行政院、监察院、本府主计处：中央政治会议函为上海私立蒙藏学校归并中央政治学校附设蒙藏学校请拨发补助该校结束费令仰转饬遵照由》，《国民政府公报》（南京1927）1935年第1855号。

《国务院函议决照准追加蒙藏学校经费抄录原文预算书科目表请查照文（附表）》，《教育公报》1918年第7期。

《国内要电二·首都纪闻》，《申报》1929年11月17日第2版。

《国内要电三·蒙藏教育司长已内定》，《申报》1929年10月3日第3版。

《会令：令蒙藏学校：为钞发国立蒙藏学校组织大纲仰遵办由》，《蒙藏委员会公报》1929年第5—6期。

《记贵胄法政学堂》，《教育杂志》1909年第12期。

《纪闻（二）中央纪事：筹边高等学校之停办》，《教育周报》（杭州）1914年第49期。

《教部组织法草案　昨经立法院修正：蒙藏教育司改为边疆教育局》，《申报》1947年2月1日第2版。

《教育部拟兴办蒙藏教育。教育当局尚有暇及此乎》，《申报》1923年4月27日第2版。

《教育部批筹边高等学校毕业生等》，《政府公报》1913年4月14日第342号。

《教育部批：第二百八十一号：原其呈人筹边高等学校毕业生等：筹边高等学校毕业生呈请变通中央学会互选资格》，《广东教育公报》1913年第1卷第9期。

《教育消息第二届全国教育议特刊第五号·蒙藏组第二次审查》，《申报》1930年4月19日第5版。

《教育消息：国立边疆学校近讯》，《教育通讯》（汉口）1942年第4期。

《教育消息：蒙藏学校改称边疆学校》，《教育通讯》（汉口）1939年第32期。

《教育消息·要闻·教部蒙藏教育之工作》，《申报》1930年6月18日第3版。

《教育消息·要闻·教部设蒙藏学校三所》，《申报》1929年12月25日第3版。

《教育消息·要闻·蒙藏二十年后设大学》，《申报》1929年11月28日第3版。

《教育消息·要闻·蒙藏教育司日内可设立》,《申报》1929年10月10日第5版。

《教育消息·要闻·中大仍有开办蒙藏班之希望》,《申报》1931年8月5日第3版。

《教育与文化:北平蒙藏学校准恢复专科》,《教育通讯》(汉口)1948年第5期。

《教育与文化云大等校设置边疆建设科目》,《教育通讯》(汉口)1946年第9期。

《教育之振兴蒙藏政治训练班之设立》,《中国国民党指导下之政治成绩统计》1933年第7期。

老表:《我们的欣幸与期待》,《蒙藏学校校刊》1937年第23期。

乐嗣炳编:《近代中国教育实况》,世界书局印行民国二十四年七月版。

《理藩部代奏蒙潘王公等创建殖边学堂折》,《政治官报》光绪三十三年正月二十日第四百六十号。

《理藩部片行贵胄法政学堂宾图郡王棍楚克苏隆愿入学堂肄业文》,《政治官报》宣统元年九月三十日第七百三十五号。

《理藩部奏科尔沁亲王色旺端鲁布到京候期入贵胄法政学堂而呈之肄业折》,《政治官报》宣统元年十月二十九日第七百六十四号。

《令行政院、监察院、本府主计处:中央政治会议函为核定中央政治学校附设蒙藏学校边疆三分校二十四年度经常费及添班临时费概算案令仰转饬遵照由》,《国民政府公报》(南京1927)1935年第1878号。

《蒙藏教育司长发表后》,《益世报》(天津)1929年11月23日第4版。

《蒙藏时闻:蒙藏教育之设施》,《蒙藏旬刊》1933年第57期。

《蒙藏事务局覆国务院秘书处准教育部覆称筹边高等学校毕业生徐凤翔呈请速办蒙藏师范学校一节应从缓议等情请查照函》,《政府公报》1913年11月27日第557号。

《蒙藏事务局批筹边高等学校毕业生王启宇呈》,《政府公报》1912年10月27日第179号。

《蒙藏事务局批筹边高等学校藏科毕业生周文藻请由局委任赴藏调查呈》,《政府公报》1913年10月12日第164号。

《蒙藏事务局咨川边镇抚使送筹边高等学校毕业生谢璜等赴川边效力文(十二月二十四日)》,《藏文白话报》1913年第2期。

《蒙藏委员会教育委员会组织规程》,《蒙藏旬报》1933年第65期。

《蒙藏学校风潮》,《民国日报》1929年9月19日第13版。

《蒙藏学校改称国立蒙藏学校》,《和平日报》1947年5月8日第4版。

《蒙藏学校预科第一班全体学生与姚敬斋先生合影》,《新蒙古》1935年第1期。

《蒙藏院呈大总统为蒙藏学校请以第二班中学经费移办政治专科拟请准予照办文并指令》,《教育公报》1920年第6期。

《蒙藏院咨呈国务总理申复维持蒙藏学校情形并催拨欠发经费文》,《政府公报》1916年8月31日第237号。

《蒙藏政治训练班毕业生之分发见习》,《中国国民党指导下之政治成绩统计》1935年第6期。

《蒙藏政治训练班额外生规则》,《蒙藏旬刊》1933年第65期。

《蒙藏政治训练班将改立为边政大学(南京通讯)》,《人道月刊》1936年第2卷第4期。

《蒙藏政治训练班学生籍贯之统计》,《中国国民党指导下之政治成绩统计》1935年第6期。

《蒙藏专门学校现行规则》，《教育公报》1918年第11期。

穆建业：《蒙藏学校添设回民班》，《突崛》1935年第9期。

南京大学校庆校史资料编辑组、学报编辑部编辑：《南京大学校史资料选辑》，南京大学印刷厂（内部发行）1982年版。

《内署—内务总署法规国立北京蒙藏学校组织守则（三十二年七月二十四日内务总署修正公布）》，《华北政务委员会公报》1943年第236期。

《内务部咨蒙藏院、财政部、教育部蒙藏学堂经费为数不多应力予维持请查照核办文》，《政府公报》1916年9月1日第238号。

潘懋元、刘海峰：《中国近代教育史资料汇编·高等教育》，上海教育出版社2007年版。

《前清学部立案之各省高等学堂》，《申报》1931年7月31日第3版。

青锋：《南京晓庄蒙藏学校学生生活》，《现代青年》（北平）1936年第2期。

秋云：《国立边疆学校在梅园》，《进刊》1946年第1期。

璩鑫奎、唐良炎：《中国近代教育史资料汇编·学制演变》，上海教育出版社2007年版。

《铨叙局批：具呈人筹边高等学校毕业生郭金堃、贾永德、柴兆群：呈验文凭请予注册以备荐任由》，《政府公报》1917年1月30日第379号。

《社会学界消息国立边疆文化教育馆成立》，《社会学讯》1947年第4期。

《审计厅致京外各机关检送教育部所辖北京筹边高等学校造送二年四月分支付决算分册等件请转饬仿照办理函（二年九月）》，《政府公报分类汇编》1915年第22期。

《书报评介：中央边报（编译者国立边疆文化教育馆，发行人凌纯声)》,《边疆通讯》1947年第1期。

舒新城:《中国近代教育史资料》(上册),人民教育出版社1981年版。

舒新城:《中国近代教育史资料》(下册),人民教育出版社1961年版。

汤志钧、陈祖恩、汤仁泽:《中国近代教育史资料汇编·戊戌时期教育》,上海教育出版社2007年版。

《图画:蒙藏学校校长达智甫先生(中回文对照)》,《回文白话报》1913年第4期。

王学珍等:《北京大学纪事:1898—1997》,北京大学出版社1998年版。

《文牍:教育部批第三百八十一号:原具呈人筹边高等学校毕业生等》,《江西学报》1913年第17期。

《我国之蒙藏学校》,《立报》1935年12月4日第3版。

吴慧龄、李壑:《北京高等教育史料·第一集》(近现代部分),北京师范学院出版社1992年版。

吴相湘、刘绍唐主编:《第一次中国教育年鉴·第三册·丙编·教育概况下》(民国二十三年),台北传记文学出版社1971年影印本。

吴相湘、刘绍唐主编:《第一次中国教育年鉴·第四册·丁编·教育统计》(民国二十三年),台北传记文学出版社1971年影印本。

吴相湘、刘绍唐主编:《第一次中国教育年鉴·第一册·甲编·教育总述》(民国二十三年),台北传记文学出版社1971年影印本。

吴相湘、刘绍唐主编:《第一次中国教育年鉴·第一册·乙编·教育法规》(民国二十三年),台北传记文学出版社1971年影印本。

《校闻:举办边疆建设讲座》,《大夏周报》1943年第8期。

《校闻:蒙藏学校高中部各科三年级学生本学期毕业》,《中央政治学校校刊》1937年第127期。

《校闻：蒙藏学校新生到齐共计男生九十一人女生三人》，《中央政治学校校刊》1934年第80期。

《校闻：蒙藏学校增设专修科》，《中央政治学校校刊》1936年第113期。

《校闻：蒙藏学校招考新生》，《中央政治学校校刊》1936年第115期。

《校园：十年来中央政校的贡献》，《蒙藏学校校刊》1937年第22期。

辛树织：《第一次中国教育年鉴·第二册丙编教育概况上》（民国二十三年），台北传记文学出版社1971年影印本。

《兴办蒙藏教育之动机》，《益世报》（天津）1922年10月5日第2版。

《行满蒙文高等学堂所拟藏文中学堂章程尚属可行惟宜酌加地理等功课钟点文》，《学部官报》宣统元年十月十八日第一百九期。

《学部奏筹设满蒙文高等学堂折》，《东方杂志》1907年第四卷第9期。

《学部奏核定京师满蒙文高等学堂暨中学堂课程折（并单）》，《政治官报》宣统二年四月十四日第九百十九号。

《学界大事记：法政别科，筹边高等学校毕业生力争中央学会选举权》，《教育界》1913年6月1日第3版。

《训令：总字第三七三号（二十四年七月十七日）：令蒙藏政治训练班：蒙藏委员会蒙藏政治训练班招生简章》，《蒙藏月报》1935年第3卷第5期。

殷石麟：《对于"蒙藏教育"之我见》，《大公报》（长沙版）1931年5月5日第11版。

游宇：《蒙藏专门学校的黑幕》，《民国日报》1924年4月17日第

8版。

《指令：总字第二三零号（二十四年六月十四日）》，《蒙藏月报》1935年第3卷第4期。

《指令：总字第四四二一号（二十五年九月九日）》，《蒙藏月报》1936年第5卷第6期。

中国第二历史档案馆编：《中华民国史档案资料汇编·第三辑·教育》，江苏古籍出版社1991年版。

中国第二历史档案馆编：《中华民国史档案资料汇编·第五辑·第二编·教育》（一），江苏古籍出版社1997年版。

中国第二历史档案馆编：《中华民国史档案资料汇编·第五辑·第三编·教育》（一），江苏古籍出版社2000年版。

中国第二历史档案馆编：《中华民国史档案资料汇编·第五辑·第一编·教育》（一），江苏古籍出版社1994年版。

《中央大学添设蒙藏班》，《申报》1931年9月12日第2版。

《中央消息：蒙藏学校暂缓设立》，《湖北教育厅公报》1930年第11期。

《中央政治学校附设蒙藏学校参观记（附照片）》，《学校新闻》1937年第55期。

朱有瓛：《中国近代学制史料·第三辑》下册，华东师范大学出版社1992年版。

朱有瓛：《中国近代学制史料·第一辑》，华东师范大学出版社1983年版。

《竹心·介绍国立边疆学校》，《天山月刊》1948年第2期。

《专件：迳启者本局现在开办蒙藏学校设有补习专科》，《蒙文白话报》1913年第3期。

《专载：十年史略：十年纪要》，《蒙藏学校校刊》1937年第22期。

《咨复祭哈尔都统检定委员会请以筹边高等与法校边政科毕业生充任教员姑照准文》,《教育公报》1919年第6卷第10期。

《咨蒙藏院蒙藏学校毕业准备案文》,《教育公报》1916年第3卷第6期。

《咨蒙藏院蒙藏学校法本科课程准备案经费各节仍应由蒙藏院主持文》,《教育公报》1918年第5期。

《总理贵胄法政学堂贝勒毓朗等奏续拟贵胄法政学堂章程并预算常年经费折》,《政治官报》宣统元年十一月二十一日第七百八十六号。

《组织蒙藏学校之大概》,《中华教育界》1913年第4期。

《最近中央大学概况》,《申报》1929年1月1日第6版。

三 论著

陈巴特尔:《守望·自觉·比较——少数民族及原住民教育研究》,中央民族大学出版社2009年版。

陈平原:《中国现代学术之建立:以章太炎、胡适之为中心》,北京大学出版社1998年版。

陈青之:《中国教育史》下册,福建教育出版社2009年版。

单鹰:《高等教育原理论》,教育科学出版社2008年版。

董宝良:《中国近现代高等教育史》,华中科技大学出版社2007年版。

方文:《学科制度和社会认同》,中国人民大学出版社2008年版。

高奇:《中国高等教育思想史》,人民教育出版社2001年版。

高奇主编:《中国教育史研究·现代分卷》,华东师范大学出版社2009年版。

关晓红:《晚清学部研究》,广东教育出版社2000年版。

哈经雄、滕星:《民族教育学通论》,教育科学出版社2001年版。

宏伟:《清代八旗蒙古文人研究》,内蒙古人民出版社2014年版。

黄福涛：《外国高等教育史》，上海教育出版社 2003 年版。

纪宝成：《中国大学学科专业设置研究》，中国人民大学出版社 2006 年版。

蒋廷黻：《中国近代史》，上海古籍出版社 2004 年版。

金海：《从传统到现代：近代内蒙古地区文化史研究》，内蒙古人民出版社 2009 年版。

李铁君：《大学学科建设与发展论纲》，中国社会科学出版社 2004 年版。

刘海峰、史静寰：《高等教育史》，高等教育出版社 2010 年版。

刘龙心：《学术与制度》，新星出版社 2007 年版。

毛礼锐、沈灌群：《中国教育通史·第二卷》，山东教育出版社 1986 年版。

欧以克：《民族高等教育学概论》，民族出版社 2005 年版。

潘懋元主编：《新编高等教育教育学》，北京师范大学出版社 2002 年版。

庞青山：《大学学科论》，广东教育出版社 2006 年版。

曲士培：《中国大学教育发展史》，北京大学出版社 2006 年版。

茹宁：《大学的政治逻辑——大学与国家关系的哲学分析》，黑龙江人民出版社 2008 年版。

斯日古楞：《中国近代国立大学学科建制与发展研究（1895—1937）》，中国社会科学出版社 2016 年版。

孙培青、杜成宪：《中国教育史》，华东师范大学出版社 2008 年版。

王凤雷：《蒙古族全史·教育卷》，内蒙古大学出版社 2013 年版。

吴洪成等：《中国近代职业教育制度史研究》，知识产权出版社 2012 年版。

吴洪成：《中国近代教育思潮新论》，知识产权出版社 2016 年版。

宣勇：《大学变革的逻辑》，人民出版社2009年版。

薛天祥：《高等教育管理学》，华东师范大学出版社1997年版。

张亚群：《科举革废与近代中国高等教育的转型》，华中师范大学出版社2005年版。

钟启泉：《现代课程论》，上海教育出版社2003年版。

周予同：《中国现代教育史》，福建教育出版社2007年版（原版1931年）。

左玉河：《从四部之学到七科之学：学术分科与近代中国知识系统之创建》，上海书店出版社2004年版。

［加拿大］许美德：《中国大学1895—1995：一个文化冲突的世纪》，许洁英译，教育科学出版社1999年版。

四　论文

白平：《新民主主义革命时期中共对蒙古族干部的培养（1921年—1949年）》，硕士学位论文，内蒙古大学，2015年。

蔡曙山：《科学与学科的关系及我国的学科制度建设》，《中国社会科学》2001年第3期。

曹芳：《延安民族学院的办学历程与辉煌成就》，《实践》（思想理论版）2020年第10期。

曹芳：《延安民族学院的历史贡献及当代价值》，《理论研究》2020年第3期。

曹贵权、吴建秀：《模式与道路——关于学院制的历史、运行机制和我国大学的学院制改革》，《中国高教研究》1997年第2期。

胡炳仙：《延安民族学院的发展及其对民族院校办学的影响》，《高等农业教育》2014年第2期。

李林：《谋新与端本——清末满蒙文高等学堂考论》，《民族教育研究》2015年第6期。

《理藩部代奏蒙潘王公等创建殖边学堂折》,《北京教育杂志丛刊》1992年第3—4期。

刘芳:《训政时期蒙藏委员会发展蒙藏教育实践初探》,《南京社会科学》2013年第7期。

刘小强:《关于高等教育研究的"学科模式"的反思》,《高教探索》2011年第5期。

米俊魁:《大学章程与高等教育法等概念辨析》,《教育与现代化》2007年第3期。

潘懋元:《高校现代化发展中有待探讨的若干问题》,《江苏科技大学学报》(社会科学版)2008年第1期。

史秋衡、吴雪:《大学基层学术组织制度建设的内在逻辑》,《复旦教育论坛》2009年第5期。

斯日古楞:《学科的古今释义》,《内蒙古农业大学学报》(社会科学版)2013年第1期。

苏发祥、安晶晶:《论民国时期北平蒙藏学校的建立及影响》,《青海民族研究》2013年第4期。

孙宏年:《蒙藏院与民国时期的西藏治理述论(1914—1928)》,《中国边疆史地研究》2008年第4期。

汪洪亮:《抗战时期边政学的兴起及其"学科性"》,《西南民族大学学报》(人文社会科学版)2014年第6期。

王建华:《论学科、课程与专业建设的相关性》,《学位与研究生教育》2004年第1期。

王建华:《学科、学科制度、学科建制与学科建设》,《江苏高教》2003年第3期。

王景、张学强:《抗战时期国立边疆学校的创办及其意义》,《贵州民族研究》2014年第2期。

王云、王天木：《延安民族学院创办始末》，《内蒙古社会科学》1987年第1期。

肖朗：《中国近代大学学科体系的形成——从"四部之学"到"七科之学"的转型》，《高等教育研究》2001年第11期。

宣勇、凌健：《大学学科组织化建设：价值与路径》，《教育研究》2009年第8期。

宣勇、凌健：《"学科"考辨》，《高等教育研究》2006年第4期。

杨思机：《清末民初北京"殖边学堂"及其影响》，《民族研究》2017年第1期。

叶志茹：《清末筹办贵胄法政学堂史料选载》，《历史档案》1987年第4期。

喻永庆：《民国时期南京蒙藏学校办学考释》，《贵州民族研究》2018年第3期。

喻永庆：《南京国民政府初期蒙藏教育的推进考察——以中央政治学校附设蒙藏学校创办为中心》，《西藏大学学校》（社会科学版）2018年第2期。

张建军：《民国时期北京蒙藏学校缘起再考察》，《民国档案》2015年第1期。

赵小成：《延安民族学院研究（1941—1944）》，硕士学位论文，延安大学，2018年。

周川：《中国近代大学建制发展分析》，《北京大学教育评论》2004年第3期。

朱慈恩：《蒙藏委员会与民国时期边疆教育》，《民族教育研究》2008年第5期。

宗群：《回顾与展望——从延安民族学院到中央民族大学》，《民族教育研究》1994年第2期。

后　　记

陈平原先生在《读书的"风景"》中提到"对于人生来说，有些弯路是非走不可的，怎么打预防针也没用，某种意义上，这是成长必须付出的代价。"的确如此，如果没有课题结题被退回之事，恐怕也没有后续两年痛定思痛不断完善成果，最终以优秀结题形式申请出版事宜。二者看似没有必然的关联，恰是这段非走不可的弯路成就了个人的学术成长。

这段心路历程从我申请的课题开始，三年的断续研究未能如愿以偿地完成著作稿。虽然其间也发表了系列论文，但从结题要求上还是未能达标。原本近现代蒙古族高等院校的史料就有限，没有更加翔实可靠的第一手资料难以完善其历史样貌，好在后期校图书馆的《晚清民国期刊全文数据库》提供了重要资源，我又能重新审视和分析整理已经建构的观点和思路。终于在课题申请后的第五年完成了著作稿，并成为同批次结题中唯一一个获得优秀等级的项目。这里首先感谢厦门大学教育研究院张亚群教授在我读博期间奠基的忠于史料、严谨求证的学术根基，还要感谢内蒙古师范大学图书馆不惜重金建设的电子资源平台，同时感谢自己没有半途而废，不放弃不服输的努力和坚持。

母亲重病期间我曾焦急地结课题，潦草地完成了第一稿，试图了却一件心事，不曾想欲速则不达，心都不静如何了事。"行有不得反求诸己"，因为自己的功利心，未能遵从研究的严谨原则，也是因为自己的浮躁，不能潜心做好研究。学术研究真的没有什么捷径可言，该看的文献必须认真阅读思考，该付出的精力一个都不能少，心思该静时更不能浮躁功利。希望借此书出版，能够告慰母亲在天之灵。母亲那一代人没有接受过高等教育，但她发誓要让孩子都要读大学，如今我已成为大学老师，在自己的科研和教学工作中辛勤耕耘，每一次的收获都想与父母家人分享。我要特别感谢父母的养育之恩，培育之情，失去后方知情感的弥足珍贵，正是这份朴素的情感填满我内心，浸染我心灵，使我被世间温柔以待。也要感谢爱人的大力支持以及对家庭的无私奉献，让我没有后顾之忧，可以全力以赴地去实现自己的理想，也最大限度地弥补了我欠缺孩子的陪伴与呵护。

疫情以来一年多的时间让我彻底投入到自己必须完成的学术研究中，对于自己所从事的工作也有了一次更加深刻的反思和醒悟，我想这一点对于我何尝不是幸事。再有幸得到中国社会科学出版社的大力支持，拙著得以出版，心里有种莫名的感动。借此机会特别感谢中国社会科学出版社的陈雅慧编辑，她高效果断的工作作风让我惊叹，她严谨细腻的学术态度让我敬佩，由于自己对出版程序不熟悉，在办理手续期间经历了一些波折，但都在陈雅慧编辑的大力协助下顺利完成，并能在这么短的周期内完成了提交申请、签订合同与书稿出版事宜。还要由衷地感谢中央民族大学教育学院苏德教授在百忙之中为拙著提出的审读意见，助我一臂之力。最后感谢内蒙古师范大学各级领导老师的大力支持，衷心地感谢教育学院米俊魁院长、赵荣辉副院长、陶格斯主任对书籍出版的鼓励与资助，拙著获得内蒙古民族教育研究基地专项经费的资金支持，感谢国资处宣志国老师在出版申请环节的悉心指导，感谢办公室陈小慧主任在财务报账事宜中不遗余力的协助，使我借此书籍出版，深切感悟到人与人之间的温情与相互扶持带来的巨大的精神力量。体验当下，期盼未来。

斯日古楞

呼和浩特博雅园

2021 年 11 月 18 日